品嘗最真實的原味生活

為什麼有人喝咖啡不加糖

COFFEE NO SUGAR

子陽／著

編輯序

學會品嘗真正的咖啡

「品嘗咖啡真正的原味，才會知道什麼是真實的人生。」在初次看到這句話的時候，一開始會有點困惑——咖啡和人生之間應該沒有什麼關連性啊？但是，等到再細細的看過之後，才會發現原來它們都是一樣的過程。

如果想要學會喝黑咖啡，你必須先習慣開頭的苦、澀、酸，才能享受在其中的層次感和回甘滋味。而人生也是一樣，你沒辦法不經過艱辛刻苦的奮鬥過程，就直接跳到最後面的圓滿結局；也不可能在人生中只經歷美好且幸福的事情，而沒有遭遇任何憤怒與悲傷。

大家認為成功可貴的地方，就在於它一定要經過辛苦與煎熬才能有機會得到；而幸福這檔事，也因為是我們努力爭取才顯得美好。要是沒有前面經歷過的苦澀，就不會珍惜後面的甘甜滋味。

在人生的這條路上，總是有遇到問題的時候，那些肉眼可見或可碰觸的難關都很容易避開和度過。最可怕的，往往是那種看似無害且美好的誘惑，他們在毒藥外面裹上難以抗拒的甜蜜外衣，使你輕忽其危險性，並毫無察覺的吞下肚，直到消磨掉你的意志，再也看不清前進的方向。

就像是你點咖啡時，可以加入很多的砂糖和奶精，使它變得更加滑順且可口，那是種十分誘人的滋味。但是當一杯單純的咖啡陷入混濁的時候，你只喝得到那些刻意添加的甜美和駭人聽聞的熱量，卻根本無法體會原本極具深度的層次。

真正懂得享受咖啡的人才知道，只有既不加砂糖，也不加奶精，那種苦澀微酸後又回甘的滋味，才是它最純粹的樣貌，而那也是最真實的人生滋味。

目錄
CONTENTS

2

CHAPTER

淡淡的苦，是一種修行

3 CHAPTER 人生中帶有一種複雜的酸味

4

CHAPTER

青春的痕跡帶有一種溫潤的澀味

5 CHAPTER

幸福，是回甘的餘韻

祝福語

不幸，到底是希望還是屈辱？

當你領悟了它，它就是你的希望；

當你徹底被它俘虜，它就是你的屈辱。

謹以此書獻給那些愛我的、我愛的，傷我的、我傷的，喜歡我的、我喜歡的，幫助我的、我感恩的，無論過往如何，現在只想說一句：謝謝您們！

好評推薦

人之所以沒有成功，是因為失敗得還不夠。所以，不幸不可怕，它只是成功的一個前提。

——星漢（超人氣暢銷書《哈佛氣質課》作者）

可以誇張地說，讀懂了不幸，就懂得了人生；懂得了人生，就贏得了命運。

——石勝利（資深圖書策劃人、撰稿人）

不斷經歷不幸，你才能更為成長，更為成熟。

——陳琦男（九角文化總經理）

你需要謝謝不幸，不幸在磨難你的同時，便成就了你。

——趙強（測繪出版社文化生活分社社長）

推薦序

我們都是最幸福的人

文／城邦文化事業股份有限公司　布克文化總編輯　賈俊國

我時常鼓舞人們要正面樂觀，也希望因此會給人們帶來幫助。前幾天，一次偶然的機會，我看到了作者的一段話：「十幾年前，我說我希望將來能獲得諾貝爾文學獎，小夥伴們都笑了；現在，我說我希望將來能獲得諾貝爾文學獎，朋友們都緘默；但是，我還真的希望能獲得諾貝爾文學獎！」

在進一步了解子陽後，我又得知，一個人無論是多麼地不幸，都應該首先有志氣，這樣才能贏得命運女神的青睞。另外，在一個人成長的過程中，會遭遇很多不如意，我便認為感恩會化解這些不快。感謝那些幫助你的，感謝那些傷害你的，你會更為積極。

我們有必要正面、樂觀，正面樂觀會讓我們在不幸中感受幸福。想當初，佛陀釋迦摩尼看到了老、病、死等不幸的現象終成正果，從而贏得萬世的敬愛。你是否能從那些不幸中也幡然醒悟，並有所作為呢？

我們有必要發現現實中的幸福，其實，不幸正是幸福的一個前提，誰經受的苦難越大，誰就獲得的幸福最為珍貴！

我便想起了我朋友的兒子，他在三歲的時候就被判定為終身殘疾，他當時哭過，但在他痛過之後，他更堅強了起來，因為，他相信他會幸福。

現在，他可以像正常的孩子一樣去學習了，他的成績很優異。每當朋友及其妻子很為他的未來愁眉不展時，他卻常這樣跟父母講：「放心吧，我並不是最不幸的人，我要成為全世界最幸福的人！您們知道癱瘓的斯蒂芬・威廉・霍金，美國盲聾作家海倫・凱勒吧，既然他們都能這麼豁達的面對不幸，我為何不能呢？我希望將來某一天，我比他們更優秀，成為全球最幸福的人。」他的父母每當聽到這兒，就禁不住淚流滿面。

這更觸動了我的內心，我更堅持人們要正面樂觀，才能走出不幸，與幸福握手。我相信我們都會成為最幸福的人，無論你現在缺少了什麼，上天在給你關上一扇窗戶的同時，一定會為你打開一扇門。命運便就是這麼地讓人琢磨不透，我們將是最為幸福的人，會烏雲過後看到豔陽天。每到夜深人靜時分，看到這些正面樂觀的人物，心中就會湧動著一股暖流和希望。

我相信，無論你是誰，在什麼地方，正遭遇著多麼大的不幸，你都是最為幸福的人。你要重新審視你現在的不幸，它只是上天對你的考驗。一切的不幸都會過去，你會笑到最後的！

看，窗外的月兒多麼美，它正朝著你微笑呢！你也會像月亮一樣熠熠生輝，即便不能成為太陽，也會時刻溫暖著別人的心房。你是世界的唯一，會成為獨一無二最出色的自我。閒話便不多說，向不公說不吧，你會在一番掙扎之後，摘到更為甘甜的果實，你將會是一個可敬的人。

現在，加一把勁，駛過眼前的磨難，幸福正在歡迎你。

在此，祝福，感謝！

作者序

享受生命苦的涅槃

阿里巴巴集團前任總裁馬雲曾說過這樣一段話：「你現在真的感到很累嗎？那麼累就對了，舒服是留給死人的！苦才是人生，累才是工作，變才是命運，忍才是歷練，容才是智慧，靜才是修養，捨才是得到，做才是擁有。如果你感到自己很辛苦，生命中飽受痛苦，生活裡厄運重重，人生裡滿是哀傷，那你應該告訴你自己『這些都不要緊，因為容易走的那些路都是下坡路，堅持住，而你正在走上坡路，當你穿越了這些人生的不幸，生活的磨難之後，你一定會脫胎換骨，成熟穩重，你對生命的感悟會達到不一樣的層次。』」

人生是苦，生命是痛的。從你出生的那一秒起，所要經歷的過程是分娩的疼痛；當你呱呱墜地的那一刻起，你發出了人生的第一次哭泣；當你一天天慢慢地長大，你的生命旅程便伴隨著各種各樣的挫折、困境與不幸。在一次次苦痛中，在一個又一個不幸中，你漸漸地長大，慢慢地變得成熟，嘗盡了人生的酸甜苦辣，也領悟了生命真正的含義。你就像一隻涅槃中的鳳凰，在浴火中受盡了煎熬，最終得到了生命的重生；你就像一條毛毛蟲，被千絲萬縷的絲線重重束縛著，在厚厚的繭殼裡苦苦掙扎著，最後破殼而出，羽化成蝶；你就像一尾逆流而上的鮭魚，遭受著無數次逆境的沖刷，洄游而上，在盡頭完成了新生命的延續……可見，生命只有不斷地經歷著不幸，才能夠顯示出它的偉大；生命由於正在不斷地經歷著不幸，才能發揮出它前所未有的潛能。因為不幸，你才領悟到了人生的價值。

春秋時期的吳國和越國是鄰國，兩國經常兵戎相見。在一次交鋒中，吳王被越王勾踐的大將靈姑砍成重傷而亡。吳王死後，他的兒子夫差繼位。西元前四九七年，夫差領兵攻打越國，為報殺父之仇。兩軍在夫椒交戰，吳軍大獲全勝，越王勾踐被逼無奈只好求和，以自己為人質。越王勾踐投降後，為了表示誠意，就住在了夫差父親墓旁的石屋裡，做看守墳墓和養馬的事情。夫差每次出遊，勾踐就拿起了馬鞭，親自為他當馬夫。有一次，吳王夫差生了病，勾踐則親自品嘗夫差大便的味道，來判斷吳王病癒的期限。吳王夫差見勾踐如此，便放下了戒心，將他放回越國。

勾踐回國後，為了不忘自己曾經受過的恥辱和種種不幸，他晚上就睡在柴薪之上，並且在梁上掛了一個苦膽。每天通過臥薪嚐膽來激勵自己，不要忘了曾經的不幸。終於，經過十年的準備，越國由弱變強，最後打敗了吳國，殺了吳王，越王勾踐也成為了春秋時期最後的一位霸主。

這便是眾所皆知的「臥薪嚐膽」，它告訴了人們只有不斷地經歷不幸，時刻地處在憂患之中，才能有更多的領悟，才能從不懈怠，變得強大，走向成功。

與勾踐同時期的孟子說：「故天將降大任於斯人也，必先苦其心志，勞其筋骨，餓其體膚，空乏其身，所以動心忍性，增益其所不能。」意思是說上天賜予你一個偉大的使命前，就必須先讓你受盡苦難，經歷不幸，磨練你的意志和身心，你才能發奮圖強、頑強拼搏、意志堅定、勇往直前。

因而，一個人要想戰勝自己，戰勝困境，就要不斷地經歷不幸，只有在不幸的環境中，我們才能學到東西，有所領悟，讓自己變得無堅不摧。希望你能藉由本書領悟到生命的真諦，早日涅槃重生！

CHAPTER 1

不加糖 最真實的人生滋味

有捨便有得，不捨便沒有得。在得到的同時也會失去，在失去的同時也會得到。

1 不要撿了芝麻，丟了西瓜

來看一則故事：

一位著名的畫家舉家移民到義大利。剛到義大利的時候，因一時找不到合適的工作，全家人陷入了生活的窘境。迫于生計，畫家不顧身份來到街頭靠給別人速畫為生，希望通過賣藝來賺取生活費。

幾天後，他突然發現一家銀行的門口人來人往，熱鬧非凡。一位黑人畫手正在那裡聚精會神地畫畫。不到一小時的時間，這位黑人就得到了數目不小的一筆錢。

於是，畫家也在銀行大門口擺了一個地攤。顯然，他的功底比黑人畫手要高得多。人們爭相湧到他的面前。畫了幾幅畫過後，圍觀的人紛紛慷慨解囊，前來求畫。

過了一段時間，畫家賺到更多賣藝錢之後，就和黑人畫手道別。他說要到著名的畫廊裡拜師學藝，和藝術家們相互切磋。黑人畫手對他的行為不以為然。

三年後，畫家又一次路過那家銀行，發現那個黑人畫手仍然在門口畫畫，而他的表情一如往昔，臉上露著得意、滿足與陶醉。當黑人畫手看見他突然出現時，很高興地說：「好久沒見了！你現在在哪裡發財呀？」

畫家回答了一個很有名的畫廊的名字，但黑人畫手沒有一絲反應，只是問：「那家畫的門前也是個好地盤，也很好賺錢嗎？」

「還好，生意還不錯！」

其實，黑人哪裡知道，畫家早已不比當年，他現在已經是一位國際知名的畫家，還經常舉辦畫展，並且他的畫已經到了拍賣行裡拍賣了，當年窘迫的苦難生活不復存在了。

再看一則故事：

在二十世紀八〇年代，香港商人李嘉誠就有吞併香港碼頭九龍倉的心，雖然那時李嘉誠就已經成為了香港首席富豪。但那個時候的李嘉誠，實力和聲譽還都比不上船王包玉剛。他知道，船王包玉剛也想吞併九龍倉，好為自己商船登陸後打好基礎，做好準備。

所以李嘉誠一直在斟酌要不要吞併九龍倉。如果他收購九龍倉，就會遭到了九龍倉故主怡和集團的強力抵抗，收購將會給他帶來前所未有的困境。到時搞不好偷雞不成反蝕把米。

當時在香港，論實力和銀行業的關係，能與怡和集團競爭的，就只有包玉剛，包玉剛對於九龍倉是志在必得。李嘉誠經過再三思索，權衡利弊得失，毅然決定把這個難啃的骨頭給包玉剛，猜測包玉剛會得到九龍倉，還會欠自己一個人情。事情的發展就如李嘉誠預想的那樣，當他把九龍倉的股票轉給包玉剛後，他得到了豐厚的利潤。

其實，李嘉誠看得更長遠，他為了得到更大的回報，把原來十到三十元價買的九龍倉股票以三十多元的價格轉手給包玉剛，獲利一千多萬元。更重要的是，李嘉誠借助包玉剛的幫助，從滙豐銀行那裡承接和記黃埔的將近一萬股的股票，並且坐上了和記黃埔的第一把交椅。

有時候兩個人明明是雙胞胎，聰明、努力、出身背景都一模一樣，但他們卻過著截然不同的人生，這是為什麼呢？

因為他們對生活的態度不同：一個眼光狹隘的人，盯住的都是手中的「芝麻」；一個心胸廣闊的人，看到的卻是地上的「西瓜」。他們都在忙，一個忙來忙去得到的是蠅頭小利，另一個卻忙出了功成名就。

很多人遭遇不幸後，看到了一點小利益就忽略了提升自己的空間和本領，始終無法獲得成功。想成功，**在做決定時就不能只考慮眼前而不考慮未來，要學會在生活中如何取捨。**

要記得一個人不能只注重於眼前的利益，要看到芝麻的時候還記得西瓜，不然，到最後得不償失，只有自己一個人去吃其中的苦頭了。

不加糖的滋味

❶挫折有大有小，有輕有重，是放棄西瓜撿芝麻，還是丟掉芝麻撿西瓜，這既可能涉及自身的利益，又涉及到他人及整體大局的利益；

❷當我們處在取捨兩難的選擇之間時，就應該掂量一下事情的份量，儘量採用捨小取大、棄輕取重的處理原則，這樣才能避免以後陷入更大的困境；

❸面對眼前的困境，不能夠迷失自己，迷失於眼前的苦難，要把更多的精力去準備應對今後更多的問題，從容地忽略掉眼前的不幸，這是一種明智之舉；

❹芝麻和西瓜哪一個才是自己的想要，要去思考，只要到最後不讓自己更後悔就行了。

2 放得下過去，看得到未來

來看一則故事：

有一個工人，他從小很喜歡寫作，不過，他沒有讀過大學，成家後還不忘對寫作的追求。然而，他寫的每一篇稿子都沒有得到出版社的採用。他的妻子對他說：「別寫了吧，寫作並不適合你。」他說：「我非常喜歡創作，我也堅持十幾年了，怎麼能輕易就放棄呢？」妻子說：「寫作並不能當飯吃，你看看，寫了這麼多年，哪一次拿到稿費了？況且你這麼年輕，並不一定有豐富的人生閱歷，哪裡能寫得出曠世名著？不如放下吧，好好地過日子。」他說：「我不安於工人的生活，我要通過寫作改變自己的命運。」妻子說：「你的想法很好，但目前家裡連米也買不起了，怎麼還能夠讓你衣食無憂地去創作呢？

放下吧，說不定你並不適合創作。」工人沒有辦法，只好暫且擱淺了創作的念頭。

後來，工人接到了他曾經投稿的一家出版社的電話，那個編輯告訴他，他的文筆不怎麼樣，不過從他的稿子中可以看出他很熱愛生活，如果他再多多地去體驗生活，說不定會寫出好的作品。工人大受鼓舞，就開始了更深一步地體驗生活。而當他三十多歲的時候，他又想起了寫作。這時候，他情感豐富、文如泉湧，不再像幾年前那樣寫出的文章枯燥了。

工人一開始並不願意放下，但他那麼努力卻始終不見回報，尤其是家裡快吃不飽飯了，在妻子的一再勸說下他才放下了。而若干年後，他有了豐富的人生閱歷後，再想寫作就不是困難的事了。

有些事情遲遲無法成功，不一定是因為我們不夠努力。而是我們努力的方向不對或是時機還尚未成熟。

再來看一則故事：

有一位女孩喜歡上了她同學的一個朋友，但那個男生並不喜歡她，因為他早已有了女朋友。這個女孩每天都過得不快樂。女孩相信，即便一再遭到男生的拒絕，但如果她現在就放棄了，所有的努力都會付諸流水，一旦她錯過這個男生就不會遇到更好的了。但是，男生卻後來和他的女朋友結婚了。女孩傷心極了，沒想到喜歡了他那麼多年，他最終卻是別人的丈夫。於是，女孩天天以淚洗面。最後她終於想清楚了，他不可能是自己的丈夫了，必須要放下這一段感情。也因為女孩漸漸地放下過去，才發現公司裡有個一直喜歡著她的同事。而且女孩也覺得那個同事很不錯。在男同事的追求下，女孩最終和他步入了婚姻的殿堂。婚後女孩很幸福，因為這個男同事一直就很喜歡著女孩，他也默默地暗戀著女孩好多年了，在娶了女孩之後，當然非常的疼愛她。

女孩放下了那個她不該喜歡的人，她才會遇到幸福。否則，她再苦苦地糾纏別人的丈夫，只會讓自己更不幸。不禁想起了《那些年，我們一起追的女孩》裡的情景。柯景騰從讀國中時就一直暗戀著班裡最優秀的女生沈佳宜，但是，暗戀沈佳宜八年卻最終沒有修成正果，沈佳宜成了別人的妻子，他只有痛苦的，放棄那一段感情。

人最難得的是放下，我們努力地付出往往是為了得到。可是，有時縱使我們是再努力，到後來卻是竹籃打水一場空，讓自己自受折磨。此時，你已累得筋疲力盡，如果就這麼「半途而廢」的話，前面的功夫不是要白費？要知道，如果我們努力地想要的那個東西並不屬於我們，就有必要捨去了。

只有放下不屬於自己的，才能有新的開始，才能早一日步入正軌。

其實，我們也要勇於放下過去，即便我們付出了很多的努力，如果我們不放下是不會有結果的。特別是在我們一直心存著的那個希望變成絕望時，我們不得不選擇放棄。因為，我們這時再堅持下去也會徒勞無功了。

我們只會哭泣，埋怨自己，然而，到最後並不知該怨誰，也並不一定是自己的錯誤，可是，事已至此，只有放下了。

放下了才會更好地面對未來，說不定我們放下了現在和過去，在未來不用自己苦苦追尋就可能遇到幸福。

不加糖的滋味

❶在屢試失敗之後，在徹底絕望之後，只有放下了，放下過去才會走出不幸而看得遠未來；

❷我們放下需要有勇氣和魄力，不能因為放下而去追悔；

❸放棄才會有新生，不放棄只會苦苦糾纏更痛苦；

❹我們沒有擁有的便不屬於我們，有時放棄了之後才會找到屬於自己的。

3 春種一粒粟，秋收萬顆子

來看一則故事：

新加坡的鋼索大王井方在創業初期，成立了一個小公司，從事鋼索販賣業務。

他的貨源是高雄的一家鋼索廠，該廠生產的鋼索，每一米的麻繩價格是二十五新幣。井方大量買進鋼索，然後按照批發的原價在新加坡鋼索市場販賣。這種完全無利潤的生意，很快讓井方血本無回，公司也陷入了困境，因為沒有利潤，拿成本做開銷，公司面臨著倒閉的危險，很多員工紛紛跳槽，暗罵老闆是一個神經病。

可是，井方並不在意，在所有人都背他而去時，只有他一個人還在困境中苦苦堅持。做了一年之後，「井方的鋼索確實便宜」的名聲已經遠揚，成百上千的訂貨單從各地源源而來。接著，井方按部就班地實施他的行動。他拿著訂單前去訂貨客戶處，無奈地說：「到現在為止，我沒有賺到你們一毛錢，如果你們還想買到比市場價格低得多的鋼索，那我只能關門大吉了。」客戶為他的誠實所感動，心甘情願地把收買鋼索的價格提高為三十新幣，同時要求長期供貨。另外，井方又到臺灣鋼索廠那裡商洽：「您每條二十五新幣價格賣給我，我是一直照原價賣給別人的，同時這一年也給你們帶來了豐厚的利潤，你看我這裡還有大量的訂單。如果這樣繼續無利而賠本的話，我已經沒有資金支持了。」

鋼索廠的銷售經理看到他手裡的一大摞訂單和他賣出的價格收據存根，大吃一驚，像這樣自願不賺錢做生意的人，他們還是第一次遇到。於是決定降低價格，每條每米只收二十二新幣。如此一來，每條鋼索，除去所有的成本花銷，井方每米鋼索純賺八新幣，每天的利潤就有數十萬。

井方的公司立馬走出了困境，盤活了起來。創業十年後，他每天的交貨量至少有五千萬條，其利潤實在是難以計算。

唐朝李紳有一句詩：「春種一粒粟，秋收萬顆子。」意思是，只有當你在春天裡捨得播下一粒飽滿的種子，到了秋天，你才可以得到許多金燦燦的果實。

在生活中，有些不幸就不是上天造成的，而是我們很早就釀成的，因為我們捨不得在春天播下那粒種子，結果到了秋天，才看到田地上一片荒蕪、衰草連天的景象。

井方能夠成功，正是由於他捨得拋出手裡的那顆「粟」，才能得到無數的訂單和豐厚的利潤。

我們在面對那些虧損時，也要更從容，要捨得那一粒「粟」，及時調整心態，把不利的條件轉化為有利的條件，會到秋天的時候，收穫萬顆子。

不加糖的滋味

❶「捨不得孩子，套不著狼」，面對得失要理智；

❷只有事先播下一粒種子，才能收穫萬顆子，不然不播種，到最後便不會有所收穫；

❸一個小小的捨去，會給你帶來更豐厚的回報；

❹目光放遠，就不會為眼前的得失而耿耿於懷了。

4 什麼都想要，只會累死自己

來看一則故事：

很久以前，有一個農民，他每天早出晚歸，但是收成甚微。因此，這個農民希望擁有很多的土地。

後來，有一位官員知道了他的情況，很可憐他的境遇，就找到了農民，對他說：「現在我有一片荒蕪的土地，留著也沒有什麼用。如果你在土地上跑，在跑到的地方都做下記號，那麼那些土地就會歸於你。」

農民一聽，高興極了。於是，奮不顧身地往前跑，當他累得想停下來歇一歇的時候，但一想起家中的妻子、兒女都需要更多的土地耕耘，所以，他又拼命地往前跑。

結果，農民上氣不接下氣，再加上他年紀大，體力不支，「撲通」一聲倒在地上，死了。

什麼都想要，會因為貪得無厭的心而什麼都得不到。

我們不要等到這種什麼都想要累死後才去感慨了，在累的時候記得休息一下，好好地享受生活。

再看一則故事：

有一個老客戶來找老闆談事情，可是秘書卻說：「很抱歉，我們老闆剛去夏威夷度假去了，您一周以後再來，老闆就回來了。」

「什麼！一周？他扔下這麼大的生意，竟然要去玩七天？」客戶的眼睛瞪的如同兩隻銅鈴，彷佛在質問自己的下屬。

「是的，我們老闆在臨走之前，交代得很清楚，在這七天中不要用公事打擾他！」秘書畢恭畢敬地回答。

「那麼，我給他打電話可以嗎？」客戶緊接著問，「我不談公事！」

秘書猶豫了一會兒，還是將老闆的電話給了客戶。

客戶撥通了電話，開始叫起來：「你工作一個小時可以掙四百元，你一下子要休息七天，一天八個小時，一個月就少掙一萬兩千八百元，一年你就少掙十二個一萬兩千八百元，老兄，這值得嗎？」

老闆懶洋洋地在電話裡回答說：「我一個月多工作七天，一天八個小時，我能多掙一萬兩千八百元，可是我的壽命也許將會減少七年，七年的損失就是八十四個一萬兩千八百元，到底哪種損失更大呢？」

總有一些人，會什麼都想擁有，但是，越是有這種欲望，到最後越會什麼也得不到，因為已經累得再也無法享受。

適時地放鬆自己，才會得到更多。有了休息的時間，讓我們的生活將更美好，活在幸福與愉快之中。

有時候該放棄的就要放棄。只有這樣，才能讓你活得更好！

不加糖的滋味

❶人生在世，總有些不屬於自己，需要放棄；
❷不能有太多的欲望，否則，會被欲望所累，活得疲憊；
❸要以一種輕鬆的心態面對人生，會瀟灑、愜意，不枉此生；
❹每個人都想得到更多，但不能盲目地攀比、追求，充實、快樂、知足即可！

5 福禍相依，失去也是得到

有下面的一則故事，可以給你一些啟迪：

相傳，在中國古時候的邊塞住著一位慈祥的老人。他對生活中發生的喜怒哀樂都能坦然地面對。

有一年秋天，他在外出放牧的時候，看到有一匹馬跑向了遠方，這位老人並沒有去尋找這匹馬。當他回到村子裡後，村民們聽說他的一匹馬跑丟了，都過來安慰他。這位老人卻呵呵地笑著說：「馬跑丟了並不是一件壞事啊！我反而因為它能得到自由而感到欣慰。」

村民們都為老人的想法所不解，認為他只是在自嘲罷了。沒過多久，村子裡跑來了一群良馬，原來是跑丟的那匹馬帶著它們回來的。它們便在老人的家中安居下來。

很快，這則消息就傳到了村民們的耳裡。他們都過來向老人道賀，老人仍呵呵地笑著說：「我感謝我的那匹馬失而複返，還感謝它帶來了大批胡人的良馬。但是，這並不一定是一件值得慶幸的事啊，世事都在變化中。」

果然，不久後，老人的兒子在一次和朋友們的騎馬比賽中因為不小心摔斷了右腿。

在面對這個不幸時，老人依然很淡定。村民們過來安慰他時，他仍笑呵呵地說：「馬把我的兒子的腿摔斷了，我不能責怪馬，這是意外也是很自然的事情。我反而要感謝馬，是它讓我這個兒子長了記性，我不認為這是一個壞事。」

村民們便認為老人又在自我慰藉，但一年之後，胡人大肆入侵中原。頓時狼煙滾滾，全國沉浸在一片抵抗外敵的氛圍之中。很多年輕人都被抓去參軍了，老人的兒子卻因為斷腿倖免於難。

這場戰役持續了很長時間，那些參軍的年輕人都戰死了。村民們便沉浸在一片悲痛之中，老人便去安慰他們：「我們還有希望，一定要振作起來，好好地過接下來的日子。」

村民們都擔心老無所依，而且一場戰爭之後讓村子毀於一旦。正在這燃眉之急，朝廷派人送來了糧食，讓他們得以過豐衣足食的生活。另外有一些年輕人來投靠村莊，他們的這個村子又變得人丁興旺。

我們便要得知，福禍相依，有時候，不願意失去便不會有所獲得。如此，失去很多，也會收獲很多，失去有時也是一種獲得。

再看一則故事：

在一個深山裡，有一位農民，他感到環境艱苦，難以生存，就尋找致富的辦法。有一次，一個外來的商販給他帶來了一樣東西，那樣東西看起來很平常，但商販說那不是普通的東西，而是蘋果的種子。只要將這些種子種在土壤裡面，兩年之後就會長成一顆顆蘋果樹，便會有很多蘋果。把這些蘋果拿到集市上賣，便會賺到更多錢。

農民很高興，便將蘋果的種子收藏好，但他忽然想到「蘋果這麼貴，會不會有小偷來偷呢？」於是，他選擇了一片偏僻的山野來種植這些蘋果的種子。經過兩年的辛勤培育，種子長成了一棵棵蘋果樹，並且到了秋天還結出了很多蘋果。農民很高興，心想這些蘋果就可以讓他過上好一點的生活。他便選擇了一個陽光明媚的日子，準備這一天摘下成熟的蘋果並挑到集市上賣掉。

但當他爬上那片山野時，他驚呆了，不知哪裡飛來的鳥兒把他的那些蘋果吃光了，滿地留下的只是蘋果的果核。農民很失望，整天沉浸在不幸之中。幾年之後，他又來到了這片山野，讓他吃驚的是，面前竟然有一大片鬱鬱蔥蔥的蘋果樹林，上面還結滿了紅透透的蘋果。這些是誰種的呢？農民迷惑不解。他才想起，這一大片蘋果林是那些飛鳥種的。原來是飛鳥把種子帶到了附近，種子在附近生根、發芽，出現了一大片茂密的蘋果林。

這樣，農民就不用再為生活發苦了，這一片蘋果林足以讓他過上溫暖的日子。**你能否正視失去，不為失去給心靈蒙上陰霾呢？**

不加糖的滋味

❶ 明白了福與禍的關係，才能任何時候都從容不迫，會因為這份淡定，更好去面對接下來的日子；

❷ 在生活中，如果有一扇門被關上了，那麼會有另一扇的大門被打開；

❸ 在失去了一項東西的同時，會獲得另一項東西，這便是有捨才會有得、不捨便不會有得、有時失去了也是獲得的道理；

❹ 要寵辱不驚，去留無意，才能不被得失所奴役。

6 輸得起才贏得了

來看一則故事：

李先生租了一個門面，做著經營紙廠的生意。由於所在的街道處於低窪地段，他最害怕的就是夏天下暴雨淹大水的時候。每次夏天下大雨，李先生都徹夜難眠，望著門外的積水。所幸是每次都是有驚無險，水沒有漲多高，雨就停了。因此，這幾年他的生意沒有什麼太大的損失，還算不錯。

這一天，一次大颱風來了，帶來一場前所未有的大雨，雨水氾濫。「天哪！還差半尺。天哪！只差兩寸了。」這是十幾年沒遇過的大雨，門前的街道水流匯流到了一起，瞬間就沖進入了店裡。由於雨水太大，李先生連沙包都來不及堆，店裡所有的紙都浸透了水，所有的人試著搶救這些紙。可是紙會吸水，從下往上，一包滲向一包，而外面的水，還在不斷往房子裡灌。

正當店裡所有的人手忙腳亂時，李先生卻停止了搶紙，冒著雨、蹚著水，走出了店門。幾個小時過去了，暴雨終於變小了，最後停了，水也慢慢地退了，這時李先生從外面回到了店裡。可是，店裡所有的紙都報銷了，又因為沾上泥沙，連免費送去做回收紙漿，紙廠也不會要。李先生估算了這一次的損失，起碼十幾萬。於是，決定搬家。

時間過了不久，又來一次更大的颱風，雨水氾濫比上次更嚴重。街道上所有的車子全被淹了，好多地下室都成了游泳池。有些房子都淹到了屋頂。

可是，這次李先生一家人比較幸運，只見他站在庫房門口，氣定神閑地看這頭淹水了，那頭也成了澤國，只有他的庫房一點事都沒有，因為他的房子處在地勢最高處，而他停在門口的新車，也成了全市少數能夠劫後餘生的汽車之一。

然而，這次大水給了李先生一個發財的機會。因為這場大水幾乎將所有的紙店都淹了，連紙廠都沒能倖免。人們急著用紙，印刷廠、出版社都急著需要大量的紙張，於是大家紛紛登門求見，為了及時拿到貨，大家都願意付出高價。

「你真會找地方，」有同行問，「從遠處看，這裡並不怎麼高，你怎麼知道這裡水淹不到呢？」

「這個嘛！」李先生笑笑說，「這可是我損失了十幾萬的代價換來的。上次我店裡淹水，我眼看沒救了，乾脆蹚著水，趁雨大，在全城繞了幾圈，看看什麼地方不淹水。於是，我找到了這裡。」

李先生看著庫房裡庫存如山的紙，得意地說：「這就叫輸得起，如果不是上次損失了十幾萬，今天怎麼會有幾十萬的盈利呢！」

的確，只有慘痛的經驗教訓，才能下次不再吃相同的虧。

澳門著名賭王何鴻燊曾經說過一句話：「在賭場中，能夠贏得的人往往都是那些輸得起的人。」其實，人生不就是一場賭局嗎？

有的人由於不能誠實的面對挫折或失敗，當他們遇到一些人生上的挫折、失敗時，就崩潰了，這些都是經不起失敗或挫折考驗的可憐人。

如果我們能夠在遭遇不幸時淡定一些，那麼就能夠正確地看待得與失的關係。輸是什麼，失敗是什麼？什麼也不是，只是更走近成功一步；贏是什麼，成功是什麼？就是走過了所有通往失敗的路，只剩下一條路，那就是成功的路。

只有先輸得起，才能贏得了。**一次慘痛的教訓，才能讓我們更為成長，獲得更多。**

不加糖的滋味

❶在生活中，從容淡定的心態，遠比沉浸在苦難中追悔和怨天尤人更為珍貴，那些到來的挫折並不可怕，可怕的是輸不起，從此一蹶不振；

❷人生不要怕輸，因為每個人都會遇到各種不一樣的挫折或者苦難，你可以做的就是想辦法在遭受不幸時尋找贏的機會；

❸人生就像一場賭局，這次你輸了，那麼下次你有可能贏得更多，不要因為這次的輸贏阻礙了你前進的腳步；

❹輸得起，放得下，讓自己擁有一顆淡定從容的心，去看待人生的不幸與得失，這樣即便輸得很慘，你也不會受很大的傷害。

7 超越得與失的藝術

來看一則故事：

第二次世界大戰終於結束了，美國、中國、英國、法國、俄國為了維持今後的世界秩序，幾經磋商，決定在美國的紐約成立一個聯合國，來負責協調處理國際事務，維護世界和平。當這個決議一出，一個頭疼的問題便接踵而來，要成立聯合國，卻沒有立足之地。

如果要買一塊地皮，蓋一座大廈，剛剛成立的聯合國機構根本沒有預算，身無分文。可是聯合國剛一起步，如果讓各成員國各自掏腰包來分攤這筆錢，負面影響太大。更重要的是，各個國家剛剛經歷了一場世界大戰，許多國家都是財政赤字居高不下，根本拿不出錢來。要在寸土寸金的紐約買下一塊地皮，需要一大筆費用，成立聯合國遇到了瓶頸。

聽到這一消息後，當時美國著名的財團——洛克菲勒家族決定無償資助，他們幾乎投出了全部的資產，出資了八百多萬美元，在紐約買下了一大塊地皮，無償地贈予了聯合國。同時，洛克菲勒家族還將這塊地皮附近的大面積地皮也全部買下。僅僅這一舉動，洛克菲勒家族就陷入了極為危險的境地。

面對洛克菲勒家族的做法，當時有許多美國大財團包括赫赫有名的摩根財團，都感到不可思議。八百多萬美元，這是一筆不小的數目，無償贈予這個剛剛掛牌的聯合國，簡直是一種自取滅亡的投資。他們紛紛斷言：「這樣下去，不出幾年，著名的洛克菲勒家族財團將會在這個世界上消失。」

然而，結果並沒有這樣，隨著聯合國大樓的建立，聯合國在世界各國發揮越來越重要的作用，它四周的地價像火箭般飛漲，一下子，周圍的地皮建成的大廈就賣出了豐厚的利潤，巨額利潤源源不斷地湧進了洛克菲勒家族，相比之下，當時贈予聯合國大廈的地皮錢，簡直是九牛一毛了。

「失」對每一個人來說，都有一個痛苦的過程，因為要做出犧牲，還因為「失」意味著永遠不再擁有，但是，把握住「得」與「失」的藝術和分寸對人們來說非常重要。如果不想「失」，想擁有一切，那麼你將一無所有，這是生命的無奈之處。如果你不放棄繁華處的熱鬧，就無法享受花前月下的溫馨……生活給予我們每個人的都是一座豐富的寶庫，但你必須懂得正確把握住「得」與「失」的藝術和分寸，選擇適合你自己應該擁有的，否則，生命將難以承受！

真正懂得取捨的人，並不會被「得失的假像」所迷惑，會笑到最後。

不加糖的滋味

❶禍與福可以在一定條件下互相轉化，「禍」常常與「焉知非福」連在一起，對任何事情要能夠想得開、看得透；

❷要以順其自然的平靜心態把握得和失，不抱怨、不歎息、不墮落、勝不驕敗不餒；

❸生活給予我們每個人的都是一座豐富的寶庫，你必須懂得正確把握住「得」與「失」的藝術和分寸，選擇適合你自己應該擁有的，否則，生命將難以承受；

❹真正懂得取捨的人，會利用捨棄換回更大更長遠的利益。

8 放棄才能有更好的選擇

來看一則故事：

在某間大學的中文系，有一位女大學生，瘋狂地愛上了一位年輕帥氣的老師。老師雖然才剛剛三十歲，但是他已經結婚四年了，有一個溫柔美麗的妻子，還有一個十分可愛的孩子，夫妻恩愛，家庭和睦。所以，這個女學生對老師的愛，是沒有半點機會的。然而，這位女孩為了愛甚至願意不顧一切，不斷地給他寫情書，還跑到他家裡去，弄得他十分尷尬，男老師無奈之下幾次叫來了警察。

面對老師如此的絕情，女孩痛哭了一夜，決定避開他，轉系到新聞系。

就在女孩轉系沒多久，在一次聯誼活動中，女孩結識了一個男孩。男孩很陽光也很帥，而更重要的是，男孩非常喜歡女孩，對她非常好，簡直把她看作是自己的公主一般。

女孩和男孩交往得很愉快，轉眼之間，大學四年過去了。畢業後，他們在同一家公司工作。一年後，女孩和這個男孩幸福地結婚了。結婚那天晚上，女孩回想起四年前的決定，暗自慶幸，如果不是當初果斷放棄了，恐怕永遠也遇不到對她這麼好的人了。

的確，一個人應該懂得放棄，不屬於自己的東西再強求也沒有用。放棄，才會讓我們看到另一種選擇。世間有太多的美好的事物，對沒有擁有的美好，我們一直在苦苦地嚮往與追求。為了獲得，而忙忙碌碌。其實真正所需要的，往往要在經歷許多年後才會明白，甚至窮盡一生也沒有結果。而對已經擁有的美好，我們又因為常常得而復失的經歷，而存在一份忐忑與擔心。夕陽易逝的歎息、花開花落的煩惱……對萬事萬物，我們其實都不可能有絕對的把握。擁有的時候，也許正在失去，而放棄的時候，也許又在重新獲得。如果刻意去追逐擁有，就很難走出患得患失的誤區。

一次默默的放棄，放棄一個心儀卻無緣分的朋友；放棄某種投入卻無收穫的感情；放棄某種心靈的期望；放棄某種思想。這時就會生出一種傷感，然而這種傷感並不妨礙自己去重新開始！因為這是一種自然的告別與放棄，它富有超脫精神，因而傷感得美麗！**其實放棄也是一種「解脫」**。

不加糖的滋味

❶人生的痛苦，往往就在於選擇了錯誤的追求；
❷當碰到不利的環境時，要適時轉頭，不然只會讓自己撞的頭破血流；
❸給不了就放手，得不到就回頭；
❹不要刻意去追逐擁有，選擇在你放棄之後。

9 放下，便遠離了痛苦

來看一則故事：

相傳在阿里山中，曾經住著一位大師，大師在山中清修，很少與世人來往。

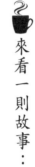

有位中年的企業家在一次投資中失誤，導致了公司破產，並且背負了一身債務。他幾十年苦苦打拼出來的結果，轉瞬間就化為了烏有。企業家心裡非常難過，他是多麼不甘心，可是現實卻不會因為他的不甘心而改變，企業家失敗了，而且敗得很慘。

後來，企業家聽說了阿里山上住著這位智慧大師，就帶著兩隻精美的花瓶去拜訪，希望大師可以給他指點迷津。經過一番苦苦地探尋，企業家終於在深山的一處竹林中找到了大師的住處，他向大師說明了來意。

大師看著面色憔悴的企業家，指著他左手拿的那個花瓶，說：「放下！」企業家放下了左手中的花瓶。

大師又指著企業家右手的那個花瓶，說：「放下！」企業家又放下了右手的花瓶。

這時，大師指著企業家空空的雙手，說：「放下！」

企業家納悶地問：「我已經兩手空空了，手裡沒有什麼值錢的東西呀，請問你要我放下什麼呢？」

大師微微一笑，說：「我並沒有叫你放下你的花瓶，而是要你放下心中的苦痛，放下心中不甘，放下正在遭遇的苦難。當你把這些統統放下時，你將從生死桎梏中解脫出來。」

企業家恍然大悟，終於明白了大師所說的「放下」的真理。

下山後，企業家放下心中的苦痛，決定從零開始，從頭起步。幾年後，企業家又重新開了一家新的公司，而且規模比以前還要大。

「放下」，是非常難做到的，當你有了功名，就對功名放不下；有了金錢，就對金錢放不下；有了愛情，就對愛情放不下；有了事業，就對事業放不下。

只是這樣一來，我們肩上的重擔，在心上的壓力，會使自己活得非常疲憊。便有必要適可而止了，要從容、坦坦蕩蕩地放下。不然，生命的天平就有可能發生難以控制的偏斜，到時就會陷入苦痛的深淵。

佛說：「放下屠刀，立地成佛。」一個人要想遠離心中的痛苦，心中的仇恨，唯一的方法就是學會放下。要記得太執著只會讓自己更痛苦，放下才會輕鬆，才會遠離累贅。

不加糖的滋味

❶ 當放下的那一刻，便會如釋負重，一切的苦難便會煙消雲散，你便會活在輕鬆的世界裡；

❷ 當災難降臨時，要學會放下，從容、坦坦蕩蕩地放下；

❸ 成功並不總是青睞那些死守一個苦難的執著者，還格外偏愛那些懂得適時放棄的聰明人；

❹ 什麼時候放下，什麼時候就遠離了痛苦，所以放下要趁早，早放下，早解脫。

10 按下心靈的還原鍵，讓背包變輕

來看一則故事：

有一個商人在一筆生意上虧得血本無回，遭受了這樣的打擊，讓商人心灰意冷，於是他約了幾個朋友去探險，出去散散心，排解一下心中的痛苦。

當時，他們去探險的地方是一個荒漠地帶。由於是第一次探險，商人準備隨身帶了一個厚重的背包，裡面塞滿了食具、切割工具、挖掘工具、衣服、指南針、觀星儀、護理藥品等。商人臨行前，對自己準備的背包很滿意，認為已為旅行做好了萬全的準備。

然而，當他們行走了第一天，商人就感到有點吃不消了，更沒有心思去看沿途的風景了，相比心中的沉重，此時他背上的背包更沉重。又大又沉的背包快壓得一點力氣都沒有了，全身的骨頭快要散架了。

這時，當地嚮導走過來，打開了商人的背包之後，突然問了一句：「這些東西讓你感到快樂嗎？」商人愣住了，這是他從未想過的問題。他開始問自己，結果發現，有些東西的確讓他很快樂，但是，有些東西實在不值得他背著它們，走了那麼遠的路，簡直一點用處都沒有。

於是，商人決定扔掉很多不必要的東西，接下來，他的背包突然變輕了，他感到很舒服，步伐也矯健了，和朋友們有說有笑，自己不再有束縛，旅行變得更愉快起來。

經過了這次探險旅行之後，商人學會了一個道理「如果生命裡填塞的東西愈少，就越能發揮潛能。」從此，他在以後的經商過程中，定期打開「包袱」，隨時尋找減輕負擔的方法，從此他的生意做得風生水起，不再那麼艱難，以前會遇到的困境頓時迎刃而解。

很快，商人成立了一家大公司。

你一定有過年前大掃除的經歷吧！當你一箱又一箱地打包時，是不是驚訝自己在過去短短幾年內，竟然累積了那麼多的東西？你是不是懊悔自己為何事前不花些時間整理、淘汰那些不再需要的東西，否則，今天就不會累得連背脊都直不起來？

問自己一個問題：是不是每天都忙忙碌碌，把自己弄得疲累不堪，以至於總是沒能好好靜下來，替自己做「清掃」？對那些會拖累你的東西，必須立刻放棄。掃除的意義，就好像是生意人的「盤點庫存」。你總要瞭解倉庫裡還有什麼，某些貨物如果不能限期銷售出去，很可能會因為積壓過多拖垮你的生意。而在人生諸多關口上，幾乎隨時隨地都得做「清掃」。念書、出國、就業、結婚、生子、換工作、退休……每一次轉折，都迫使我們不得不「**丟掉舊的你，接納新的你**」，把自己重新「清掃」一遍。

不加糖的滋味

❶明智的人懂得把全部的精力集中在一件事上，「剪掉」不適合自己幹的事情，留下一個適合自己發展的空間；

❷如果把心中的那些雜念一一剪掉，使生命力中的所有養料都集中到一個方面，那麼將來一定會驚訝，自己的事業竟然能夠結出那麼美麗豐碩的果實；

❸人一定要隨時清掃、淘汰不必要的東西，日後才不會變成沉重的負擔，包括煩惱、鬱悶、沮喪、挫折、壓力等；

❹學會選擇，捨得放棄，是取其要者而為之，不要者而捨之，不為瑣事勞心傷神，這需要勇氣和膽略，它還是一種顧全大局的果敢，也是一種泰然處之的大度。

11 丟掉那些你最想要的，不要讓它成未來的負擔

來看一則故事：

在很久以前，有一對兄弟在外面發了大財，身上背負許多金銀珠寶返鄉。途中遇到一群盜寇追殺。最後哥倆被一條河流攔住去路，不得已只能涉水渡河。

在岸邊，哥哥望著湍急的水流對弟弟說：「水流太急，游到水中，若是覺得力不從心，就丟掉一點背上的金銀珠寶，繼續向對岸游；若再感到體力不支，就繼續再丟，保住自己的性命才是最重要的！」

弟弟聽了點點頭。此時，盜寇者跟蹤而至，兩人急忙縱身入水，向對岸泅渡，沒多久，弟弟就覺得頗為吃力，於是扔掉一半背上的金銀珠寶。到了水中

央，弟弟仍感到體力難支，無奈之下又把另一半也扔掉了！

弟弟筋疲力盡地上了岸，回頭一看，哥哥還在離岸很遠的水中掙扎，眼看就要沉下去了！此時，弟弟大喊：「快扔掉金銀珠寶！」

哥哥聽到喊叫，也想解開背著的包袱，扔掉金銀珠寶，可是，他已經沒有解開包袱的力氣。最終落了個葬身水底的結局。

孟子說：「魚，我所欲也，熊掌，亦我所欲也，二者不可得兼，捨魚而取熊掌者也。生，亦我所欲也，義，亦我所欲也，二者不可得兼，捨生而取義者也。」

當人生的船負重太多時，我們也應該學著孟子去取捨，像船長那樣把一些笨重的貨物拋棄。可是有些人心裡總是猶豫不決，甚至船沉海底還執迷不悟。

生活中往往就有一些人，做什麼事情之前都要反覆考慮，做完之後又放心不下，對每一方面都儘量考慮周到，如有不妥，就很擔心把事情搞砸並擔心別人對自己的看法。

這些人在開始創業時，雖然艱難，可下決心、做決定時很痛快，不會想那麼多。但是當他有了一些成就之後，就變得猶豫不決、患得患失了。因為他以前兩袖清風，當然無所謂得失，現在有一些基礎了，就害怕失去這個失去那個。人在害怕失去的同時，又期望什麼都得到，想要這個，想要那個，所以才痛苦。而人們常說「捨得」。捨得、捨得，有捨才有得。要學會「捨得」，不能太貪，不能企盼「全得」。得也應得到真的東西，不要為虛假的東西所迷惑。**失去固然可惜，但也要看失去的是什麼，失去後我們得到的又是什麼。**

不加糖的滋味

❶ 人的時間和精力有限，不為瑣事勞神傷肺，便是一種富有哲學的活法；

❷ 如果不丟掉最想要的，可能會喪失更重要的，賠了夫人又折兵！

❸ 要保持良好的心境，知足常樂、淡泊名利；

❹ 正確地看待個人的得失，不患得患失，才能有真正的收穫。

CHAPTER 2

淡淡的苦是一種修行

人生就像一杯茶，不會苦一輩子，但總會苦一陣子。

1 侮辱，是最好的老師

來看一則故事：

當初韓信還未嶄露頭角的時候，由於家境貧寒，常常被別人笑話。有一次，他在市集，被一個屠夫當眾羞辱，屠夫說：「你如果不怕死，就拿劍把我刺死；你如果沒有那個膽量的話，就從我胯下爬過去。」韓信當時很氣憤，但還是忍住怒氣，從屠夫的胯下鑽了過去。大家都嘲笑他沒有出息。後來，韓信被劉邦重用，成為了西漢王朝的開國功臣。那些當初嘲笑他的人只有佩服得五體投地了。

現代的人，面對別人的侮辱，常常會和別人大打出手，但這樣子對自己不好。你要記得，羞辱反而能讓我們更加強大。

還有一個眾所周知的故事：

在兩千五百年前的春秋戰國，越王勾踐繼承王位。吳國卻在此時攻打越國，但卻被越國打敗。後來，吳王闔閭死後，他的兒子夫差繼承了王位。夫差沒有忘記上一次的仇恨，就命令伍子胥、伯嚭日夜操練兵馬，準備時機成熟時攻打越國。

兩年過去了，吳軍已經很強盛，在大湖一帶打敗了越軍。越王勾踐只得派大夫文種去求和。

吳王夫差答應了他們的求和要求，但條件是越王勾踐夫婦要為吳王夫差做苦役。越王勾踐知道此時只能服軟，便答應了這個侮辱的要求。

在到達吳國後，越王勾踐受到了很不公平的待遇。但勾踐並沒有把這種不滿表露在臉面上，依舊笑臉相迎。

又過了兩年，夫差便認為勾踐真心歸順了他，便放勾踐回越國。

勾踐在回到越國之後，就決定報仇雪恥，但他擔心安逸會消磨了自己的鬥志，就在屋裡吃飯的地方掛上一個苦膽，每天吃飯前嚐一嚐苦膽提醒自己「絕不能忘了會稽的恥辱！」勾踐還把席子撤去，把柴草當作床鋪來睡，時刻告誡自己要東山再起。

正是有了這種精神，越國很快地強大起來。

經過十幾年的臥薪嚐膽，西元前四百七十三年，越王勾踐終於率領軍隊打敗了吳國，一雪國恥。

像越王勾踐這種類似的「臥薪嚐膽」的人還有很多，比如說西漢初年的冒頓單于。

他在剛自立為王起初，遭到了鄰國東胡給的下馬威。東胡首先派人強要了他的立過汗馬功勞的千里馬，冒頓當時並沒有怒髮衝冠，因為他知道並不是東胡國的對手，就暫且壓住了情緒。

後來，東胡國得寸進尺，還要冒頓美麗賢慧的妻子。冒頓深知此時和東胡翻臉還不是時候，也知道捨不得孩子套不著狼的道理，又一次忍痛割愛。

多年之後，不滿足的東胡又讓冒頓割地求和，但這時候冒頓的勢力已經很強大了，冒頓就怒髮衝冠，拍案而起，沉聲說：「土地乃社稷之根本，豈能割讓與別人？東胡霸我王后，奪我良馬，索我土地，實在是欺人太甚！是可忍，孰不可忍？我們一定要滅掉東胡，以雪國恥！」冒頓親自披掛上陣，眾人也同仇敵愾，一舉殲滅了毫無憂患意識的東胡。

以上的三個故事便可以知道，侮辱是最好的老師。別人之所以會侮辱我們，是因為我們還不夠強大。如果我們暗暗地努力，會有一天讓那些藐視你的人後悔他們當初的行徑。

苦，是一種修行

❶侮辱反而更容易激起我們的鬥志，最後贏取更多的面子；

❷在受到侮辱時，要掌控好自己的情緒，要去修行，會有「鹹魚翻身」的機會；

❸人們常說「人活一輩子是為了爭一口氣」，當遭到別人言辭、行為的侮辱，要暫且按捺這口氣，只有你足夠強大，別人才會對你投來不一樣的眼光；

❹在得意的時候，想想自己受侮辱的情景，會更能刺激你的神經，讓你越來越成功。

2 苗頭不對，也不要杞人憂天

來看一則故事：

從前，有一個國王經常被一些奇怪的問題和想法所困擾，人總是憂心忡忡的。有一次，國家發生了一場小地震，國王的情緒變得更加地不穩定了，常常處於極度的焦慮之中。

一天，他突然在半夜醒來，忙問身邊一位非常有智慧的大臣。國王焦急地說：「聰明的大臣啊！我怎麼也不會睡著，因為我不知道，究竟是誰在支撐著地球？如果它萬一掉到萬丈深淵，我們會不會摔個粉身碎骨啊？」

「陛下！」謀臣回答說，「地球是由一隻體積龐大的象馱在背上的，我們人類不會被摔下來，看我們現在不是好好的嗎！」

國王長呼了一口氣，心裡得到了寬慰，於是繼續上床睡覺，但過了不久，他又在涔涔冷汗中醒來，把大臣召到皇宮，又憂心忡忡地說：「聰明的大臣，請您告訴我，是誰在支撐著大象呢？」

謀臣回答說：「大象站在一隻大龜的背上。」

國王剛準備吹滅蠟燭睡覺，突然又一個問題上來：「但是大龜……」

大臣握住國王的手說：「陛下，你可以適可而止了。否則，您永無安寧之日。」

國王為此也感到非常地痛苦，幸好他每天擔心的事情一件也沒有發生，即便有時會颳風下雨，國家也沒有出現大的自然災害。雖然有時城中會有小偷偷東西的事情發生，並沒有出現他所擔心的國家發生叛亂，生靈塗炭。

後來，國王漸漸地學著控制自己的情緒，不再過分地擔憂，他心中的苦悶漸漸消失，他也變得快樂了起來。

有的人當自己與別人想法不同時，就會焦慮不已，他們害怕身邊的災難發生在自己身上。他們擔心人類會不會像恐龍那樣滅絕，會不會某一天地球被一顆流星撞擊……對於這些事情，我們不需要杞人憂天，因為它發生的概率只有千萬分之一，如果我們為了這一丁點兒的概率讓恐懼和絕望佔據整個心靈，實在是大錯特錯了。我們都應該在苗頭不對的時候，冷靜下來並克制自己的煩惱。

苦，是一種修行

❶ 要讓自己生活在人群之中，並主動地和人多交流，多和自己的朋友、同事、親人或是熟悉的人交流；

❷ 回歸理性，將自己的擔憂從多方面想像和理解，不能僅限於狹窄的思路，多換個角度思考問題，可能會找到很多新的方法和途徑來解決問題；

❸ 多參加團體活動，培養自己多方面的興趣，適時地調節自己緊張的精神狀態，養成一種活潑、開朗、自信和熱情的性格；

❹ 苗頭不對，也要放寬心胸去接受，才能化險為夷。

3 釋然，不把過去的不幸留給明天

來看一則故事：

有一天，一個男人下班後想坐計程車回家，可是一想到騎機車可以省幾塊錢，就打算騎機車回家。不料半路遇上了車禍，男人因此失去了一條腿。朋友們來看望他，都為他失去了一條腿而難過，男人卻蠻不在乎的笑了。朋友們都以為他精神不正常了。「當我醒後得知自己失去了一條腿時，我心裡想，完了，以後該怎麼辦？繼而後悔那天選擇騎機車。不過後來我安慰自己說：『既然已成既定事實，再後悔也沒用，還好只是失去了一條腿，而不是整條生命。』想到這裡，我的心情就不再那麼沉重了。所以，我現在有足夠的理由笑啊！」

後來，因為少了一條腿，男人已無法勝任原先的工作，不久後男人便接到了離職的通知書。朋友們知道後，準備了一大堆安慰他的理由，準備好好地安慰他。這次又讓朋友們很意外，見面時男人樂呵呵地，一點兒也不像失業的人。

「你不難過？那可是離職通知啊！」一個朋友問。

「既然離職已成事實，我與其難過，還不如想：『幸好只是失去了工作，但我並沒有失去再創業的勇氣啊！』所以，我沒有理由難過！」

再後來，男人的妻子走了，因為家中的日子越來越艱難，妻子跟男人過不下去了，還帶走了家中所有值錢的東西。

朋友們知道後，都為他擔心，以為男人經過這次打擊，肯定會消沉，便都趕過去看望他。當朋友們敲開男人家的門時，男人一臉的欣喜，熱情地招呼朋友們坐下。

「你是不是真的瘋了？妻子走了，你一點也不難過嗎？」朋友們沖他喊道。

「她走了，只能說明她並不是真心愛我。我失去一個不愛我的人，有什麼理由難過呢？」

他釋然地面對人生中不如意、煩惱和遺憾的事，相信明天將會更為美好。

對於那些已經過去的事情，我們根本沒有必要把它們再留在大腦裡，否則，時間久了，它們就會像池塘中的污水那樣，會發餿、發臭的。與其讓塵封的記憶腐爛發臭，我們不如像清理垃圾一樣，及時把它們清醒出去。

我們可能會出現一些錯誤或是失誤，會影響我們在做的事情或是心情，那都是生活中的一部分，可是令人煩惱的是，我們會把這些錯誤或失誤無限放大，就像一把鋸子，不斷的拉扯我們的內心，讓自己痛苦不已。

我們一定要學會寬容自己。要知道，在很多事情上，我們對別人很大度，唯獨對自己卻不能，這不是很可笑嗎？自己也是人，也是需要得到寬容的，如果你不能原諒自己，怎麼能希望得到別人的原諒？

你要在心中告訴自己：「既然過去的已經無法再挽回，再多的傷痛和計較只會加重悲傷，甚至還會讓人失去更多。」同時，也要記住印度詩人泰戈爾的一句話：「**如果你因失去了太陽而流淚，那麼你也將失去群星了。**」

苦，是一種修行

❶ 與其讓塵封的記憶腐爛發臭，我們不如像清理垃圾一樣，把它們及時清理出去；

❷ 既然過去的已經無法再挽回，再多的傷痛和計較只會加重悲傷，甚至還會讓人失去更多；

❸ 我們要常常思「快樂」的一二，而不去想「失意」的八九，因為這樣你才能真的忘卻人生的失意，真正得到生活的快樂；

❹ 明天還有明天的事要做，把過去的不幸帶到明天的人便是愚蠢至極。

4 坦然，迎接生命中不可避免的事實

來看一則故事：

美國有一所著名的高等學府，它的名望和英國劍橋和牛津無異，它的入校門檻非常高，據說各科成績要平均九十分以上才行，而且一門的學費就相當於普通大學一個月的支出。這所大學的學生經常穿著印有本校名稱的T恤在大街上招搖。

即便這樣，這間學校卻有著嚴重的困擾，它和一個治安極壞的貧民區做鄰居，學校的玻璃常被頑童打碎，學生的車子總是失竊，而且學生在晚上常遭搶劫，總之，治安很亂，令校方管理層感到非常棘手。

在該校的一次董事會上，一位董事憤憤不平：「我們這間好學校，竟有如此惡劣的鄰居！」於是董事會決議一致通過，把那些沒有水準的鄰居要想方設法趕走。

學校對此採取的措施是用學校雄厚的財力把鄰近的房屋和土地全部買下，改建為校園。結果是，校園是擴大了，但問題沒有得到根本的解決，反而變得更嚴重起來，貧民雖然搬走了，只不過是外移而已，隔著空曠的校園，又與新的貧民區相鄰，校園擴大後，人手反而不夠了，於是治安更加惡化。

這時，董事會沒有了主張，於是請來專家共商對策。專家說：「當你們和對對方相處不好時，最好的辦法不是把他們趕走，也不是把自己封閉起來，你們應該試著去瞭解和溝通，發揮你們的教育功能，去影響他們。」

在場的董事們一聽，頓時恍然大悟，他們雖然是世界最有名學府的董事，卻忘記了他們最擅長的教育。於是，他們設立了一系列的教育課程並邀請貧民窟的人們來參加，並捐贈教學器材給附近的中小學，還開闢空的校園為青少年的運動場，以供孩子們使用。

不過幾年，學校的治安環境大大改觀，臨近的貧民區也變得知書達禮了，治安問題也很少發生了。

美國詩人惠特曼在他的詩作《草葉集》裡說：「啊！我們要像樹和動物一樣，去面對黑暗、暴風雨、饑餓、愚弄、意外和挫折。」當生命中遇到了不可避免的事實，要坦然去接受，要用正確的方法，才能感化別人心，使得棘手的問題得以解決。

就像世界五百強零售業巨人傑西潘尼說：「哪怕我錢都賠光了，我也會很坦然，因為我坦然面對，所以看不出會有什麼不幸。謀事在人，成事在天。我盡力了，所以無論結果如何我都欣然接受。」同時，美國心理學家威廉·詹姆斯也說：「要樂於接受必然發生的情況，接受所發生的事實，是克服隨之而來的任何不幸的第一步。」

對於我們生存的環境來說，各有各的嚴峻程度，當不得不面對惡劣情況的時候，與其逃避，不如快樂地去面對。快樂作為一種心境，它本身並不能決定我們的情緒。對外界環境的反應才能決定我們是否有快樂的感覺，其實生活中的困境是不可避免的，但我們也有著自身的潛力，只要我們善於發揮利用，肯於克服一切困難，就能夠幫助我們渡過一切難關，就能調節好自己的情緒，而不會一味地傷心負氣。

當然，「適應不可避免的事實」，也不是說我們要低聲下氣，喪失鬥志，只要事情還有一線轉機，我們就不能接受命運的擺佈，我們不管處於何種地步，都要努力奮鬥，實在不能「力挽狂瀾」的話，我們也要保持「理智」，知道了這一點，就沒有必要讓其他的事情影響心情，攪亂了正常的工作和生活。

苦，是一種修行

❶人只有適應不可改變的事實，才能改變這個殘酷的事實，如果只和「事實」對著幹，而不去解決，往往會事與願違；

❷對於那些不可避免的事實，我們不要抱怨，不要灰心，更不要苦惱，不妨試著愉快地適應；

❸在克服不幸的過程中，你會發現，不幸的事情遠沒有想像得那麼複雜，事情其實很好解決，只是我們用消極和煩惱擋住了自己前進的步伐；

❹你可能沒有足夠的精力和情感，來適應這個不可避免的事實，但也要試著去承受，就好像感冒，在經歷了短暫的苦痛之後，我們一定會振作起來，並會獲得相應的免疫力。

5 淡然，過去的、過不去的都會過去

來看一則故事：

英國拉瑞德保險公司曾從拍賣市場買下一艘船，這艘船曾經屬於西班牙一家著名的輪船公司，它有著輝煌的航行經歷，在太平洋上曾遭遇過一百四十七次冰山，一百三十二次觸礁，二十三次起火，三百二十四次被風暴扭斷桅杆，然而，卻安然無恙，每次都從危險中化險為夷。

因為它不可思議的經歷，拉瑞德保險公司最後決定把它從西班牙買回來捐給國家。現在這艘外殼凹凸不平、船體微微變形的船就停泊在英國薩倫港的國家船舶博物館裡。

不過，使這艘船名揚天下的並非拉瑞德公司，而是一名來此觀光的律師。

當時，他剛打輸了一場官司，委託人也于不久後自殺了。儘管這不是他的第一次失敗辯護，也不是他遇到的第一例自殺事件，然而每當遭遇這樣的不幸，他的心裡有種極大的負罪感。他不知該怎樣安慰那些在生意場上遭受了不幸的人，那些人有的被騙，有的被罰，他們或血本無歸或傾家蕩產，也有的因打輸了官司，落得債務纏身。

當他在國家船舶博物館看到這艘船時，忽然有一種想法，為什麼不讓他們來參觀這艘船呢？於是，他就把這艘船的歷史資料和這艘船的照片一起掛在他的律師事務所裡，每當商界的委託人請他辯護，無論輸贏，他都建議他們去看看這艘船。他對人們說：「人生就像這艘船一樣，也許你已經千瘡百孔，也許你正在遭遇不幸，但是只要你懷著一顆淡然的心，那麼再大的風浪，你也不會驚恐萬分，而是泰山崩於前而不改色，平安度過一切困境。」

俗話講的好：「兵來將擋，水來土掩。」任何困難來了都會有辦法解決，什麼樣的不幸也都會過去。事情發展到一定程度註定有個結束，不幸到了一定階段都會終止，所以，當苦難擦身而過的時候，我們固然不可能像佛家高僧那樣進入一種無我，心外無物的高超境界，但我們至少還可以努力去做到臨危不懼，臨難不慌，成功時不要得意忘形，失敗時也不灰心氣餒，以一顆平靜心坦然處之，學會淡然。

當一個人面對大起大落、失敗失意時，都能保持一份淡然的心態，他就能清晰地看到事物內部存在的相互間的因果關係，於亂麻中理出一絲頭緒來。這樣的人一定能做到「天理自乍見時充拓，如磨塵鏡，光彩漸增」。反之，遇事一味的慌亂，雖心可敬，但行可怕；或者遇事委靡不振、停滯不行，「憚其難，而稍為退步」，那你永遠只能被不幸拖住後腿，永遠在不幸的泥坑裡爬不起來。

人的一生可能會有很多的不如意，會有這樣那樣的挫折，但是這些都並不重要，重要的是要有一種好的心態，一種平淡對待得失的心態。因為用淡然的心去看待不平常的事，那麼再不幸的事也會變得平常起來。如果用一顆不平淡心去對待一個小挫折，那麼再小的事也可能攪得你翻天覆地。

何不保持一顆平常心去面對人生道路上的曲折和坎坷呢?淡然面對一切,我們就能如經冬不凋的青松,四季常青,融入環境,抵禦刺激,奏出人生的強音。

苦,是一種修行

❶淡然面對得失,得之,不要大喜,不可貪得無厭;失去,切勿大悲,不可失去精神;

❷得與失,不要看得太重,一切付之於笑談中。不僅自己,面對他人的得失,也要坦然面對,做到寵辱不驚;

❸淡然面對得失,需要一顆平常之心,一顆坦蕩之心,一顆感恩之心,一顆博愛之心,能夠淡然面對得失,才會生活,才會快樂、才會幸福;

❹擁有一顆淡然心,與周圍環境協調發展,那麼在瞬息萬變的環境中,就不會動輒患得患失,以致如秋雨中瑟縮的樹葉般陣腳紛亂了。

6 欲望是無底洞，看開很重要

來看一則故事：

暮春時節，小雨淫霏，一位少女佇立在懸崖，眼中掛滿淚珠晶瑩。她不明白，為什麼她什麼都好，偏偏不會說話。正是因為從小是啞巴，她受了多少苦頭誰也難以計算。為什麼非得讓她永遠也說不了話，不然她會嫁一個好丈夫，過上比現在幸福的生活。少女想著想著，又淚水嘩嘩直流。

她受夠了不能說話的日子，想結束自己的性命，然而看到千丈高的懸崖她心驚肉跳，再看看遠天，一抹夕陽微燦，有幾隻老鷹在盤旋。少女冷靜下來了，如果她今天就這樣跳下去的話，她永遠看不到了眼前的美景。

少女停留了腳步，再想想，雖然二十多年來她不能說話，不過她的爸爸媽媽媽很疼她，親戚朋友也沒有把她當做異類。她是那麼地漂亮、楚楚動人，而且有一手煮飯的好手藝。如果她就這樣一閉眼，縱身跳下去，所有的一切就不再有了。況且現在她還沒有嫁出去，並不是因為她是啞巴，而是她沒有找到真正愛自己的人罷了。她還是優秀的，起碼其他方面上她比其他的女孩子突出。

想到這裡，少女退了幾步，看到身邊的花兒是那麼地清新，附近有泉水汩汩地流動，她覺得她不能與這些美好永別了。

於是，少女擦拭了眼淚，嫣然一笑，決定以新的姿態投入到生活之中。

就這樣，少女放棄了從懸崖上跳下去的念頭。

有天，一個演藝界的名人來到她的家鄉避暑。由於住在少女的家裡，被少女的溫柔、賢慧打動了。他決定娶少女為妻，少女不明白，那個演藝界的大名人後來告訴她，少女是那麼地純真，心地是那麼地善良，如果他錯過了少女，只會後悔一輩子。

少女感動極了，眼中閃動著淚花，在眾人的擁簇下和那個名人步入了婚姻的殿堂。

少女一開始因為不會說話而想要結束自己的性命，但如果她那時跳下去，所有的美好就與她無關了。好在少女冷靜了下來，後面才能擁有幸福。

其實，人無完人，有缺點是很正常的。我們何必因為自己不好的一面忘記了好的一面呢？如果你注意一下，任何人都會有某一方面上的缺點，只是有的人懂得發揮他們的長處。而那些只注重自己缺點的人，往往會故步自封，被眼前的問題所嚇壞，結果過得憂心忡忡。

苦，是一種修行

❶不足是一種自然，強求完美反而會沒有效果；
❷發揮優點，去彌補缺點；
❸「金無足赤，人無完人」，我們永遠是唯一的，做最出色的自己；
❹不要動不動就為自己不夠好而生氣，要記得自己比別人好的那面。

7 豁然，不為失去而哭泣

來看一則故事：

一天，方丈叫一個小和尚下山化緣，給寺裡買一些日常用的東西。

可是，當小和尚回來後，一臉不高興的樣子，表情非常苦悶。

方丈便問小和尚：「到底發生了什麼事，你像生了一場大病似的，一副無精打采的樣子？」

「我在下山化緣的時候，那些人都看著我，還嘲笑我。」小和尚撅著嘴巴說。

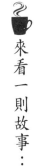

「為什麼呢？」

「人家笑我個子太矮，可他們哪裡知道，雖然我長得不高，但我的心胸很大啊！」小和尚氣呼呼地說。

方丈聽後，沒有說話。過了一段日子，方丈拿著一個臉盆與小和尚來到附近的海灘。

方丈先把臉盆盛滿水，然後往臉盆裡丟了一顆小石子，這時，臉盆裡的水濺了出來。接著，他又把一塊大一些的石頭扔到前方的海裡，大海沒有任何反應。

「你不是說你的心胸很大嗎？可是，為什麼人家只是說你兩句，你就控制不住自己情緒，被別人所左右呢，就像被丟了顆小石子的水盆，水花到處飛濺！」

小和尚恍然大悟，從此豁然看待人們的嘲笑，走出了人生的困境。

再看一則故事：

據說西元兩百年，曹操的死對頭袁紹發表了討伐曹操的檄文。在檄文中，曹操的祖宗三代都被罵得狗血噴頭。曹操看了檄文之後問手下人：「檄文是誰寫的？」手下人以為曹操會大發雷霆，就戰戰兢兢地說：「聽說檄文出自陳琳之手。」曹操連聲稱讚地說：「陳琳這小子文章寫得真不賴，罵得痛快！」

官渡之戰後，陳琳被曹操所俘。陳琳心想：「當初我把曹操的祖宗都罵了，這下子非死不可了。」然而，出人意料的是，曹操不但沒有殺陳琳，還讓他做自己的文書。曹操與陳琳開玩笑地說：「你的文筆的確不錯，可是，你在檄文中罵我本人就可以了，為什麼還要罵我的父親和祖父呢？」

後來，深受感動的陳琳為曹操出了不少好計策，使曹操頗為受益。

可見，當遭到別人的嘲笑、侮辱和諷刺時，要有豁達的胸懷，那麼，就會打動別人，助你一臂之力。所謂幸福的人，是只記得自己一生中滿足之處的人；而所謂不幸的人，是只記得與此相反的內容的人。豁達便是一種超脫，是一種自我精神的解放。能做到豁達的人，會恢宏大度、胸無芥蒂、肚大能容、納吐百川，心中就如有了一束不滅的陽光，永遠晴空萬里。

豁達的人比較寬容，能夠尊重別人不同的看法、思想、言論、行為、宗教信仰。雖然他們也有不同意別人的觀點或做法的時候，但他們會尊重別人的選擇。給予別人自由思考和行為的權利。有時候，往往是豁達產生寬容，寬容導致自由。而在生活中，我們說某些人心胸寬廣，是因為這種人虛懷若谷，有海納百川的肚量。他們能包容別人，即使是對自己的嘲笑和諷刺，有這種心胸的人，不會被生活所累，自然會活得輕鬆快活。

苦，是一種修行

❶豁達的心境有利於開發人的創造力，人只有豁達，才能完整自我，才會永葆青春、魅力永恆；

❷豁達是一種樂觀，一個樂觀的失敗者終將有東山再起的機會，並且他的樂觀還能推動他人奮勇向前，而一個憂心忡忡的成功者，是不值得追隨的；

❸豁達的人在遇到不幸時，除了會承認事實，擺脫自我糾纏之外，他還有一種趨利避害的思考方式；

❹豁達的人情緒會更穩定，不至於在大事當前亂了籌碼。

8 遇到不幸不要總是抱怨

來看一則故事：

馮蕭蕭大學畢業後，找了一份不錯的工作，並且對工作充滿了熱情。每天下班後，和同事們一起乘坐公司提供的交通車回家，可是，沒過多久，馮蕭蕭就不再坐交通車了，改成自己叫計程車。

原來是因為在交通車上，有一個同事每天都在回家的路上說公司這裡不好，那裡不好，抱怨老闆總是喜歡雞蛋裡挑骨頭，抱怨公司的產品不好，決策不到位等。馮蕭蕭覺得：「每天早上到了公司，我就開始了一天的緊張工作。每晚下班後又要聽他不停地抱怨，大肆批評，讓我感到非常地鬱悶，直接影響到了第二天工作的心情。」所以，馮蕭蕭這才決定一個人獨自回家。因為她不想被那個愛抱怨的同事所影響，改變她的工作熱情，降低她的工作品質。

不久，那個總是愛抱怨的同事由於工作業績不佳，被公司辭退了；而馮蕭蕭一天到晚無怨無悔地工作，表現得很出色，在短短的半年時間內，就被提升為經理助理。

再看一則故事：

何榮是公司的一名業務精英，在年終業績評比時，他的業績是全公司的第五名，他算了一下，他在年終的時候可以獲得十萬元的獎金。一想到這，何榮心裡就樂呵呵地，工作起來也更加賣力。可是出乎所有人意料的是，公司公佈的獎金名單上竟然沒有寫上何榮的名字，可是比自己銷售業績差的同事都被選上了。

何榮簡直不敢相信，以為肯定是公司弄錯了，於是，何榮決定找上司討個說法。上司拍拍他的肩膀，語重心長地說：「這次年終獎金的發放，不僅看業績，更重要的是公司進行了不記名問卷調查，一個人的工作品質占了很重要的比例。公司裡很多同事都向我反映你在工作中，牢騷與抱怨太多，讓同事間彼此產生很多誤會，團隊士氣低落，有幾次還導致了一些客戶丟失，所以，公司決定取消你的獎金資格。借這次機會，希望你能好好思考一下，爭取明年做得更好。」

聽了上司的話，何榮感到很羞愧，低下了頭，一言不發地走出了上司的辦公室。因為他心裡清楚上司說的一點也沒錯，自己在工作中一遇到不順心的事就會發牢騷和抱怨，為此，同事們還在私下給他起了一個「抱怨鬼」的綽號。

《荀子．榮辱》中有云：「自知者不怨人，知命者不怨天；怨人者窮，怨天者無志。」意思是說，有自知之明的人不抱怨別人，掌握自己命運的人不抱怨天；抱怨別人的人則窮途而不得志，抱怨上天的人就不會胸有抱負、立志進取。

抱怨是一個人前進路上最大的敵人。當出現問題的時候，要想到解決的方案，才能讓人滿意；不然牢騷，不斷地抱怨這、抱怨那，只會讓人敬而遠之。

這種愛抱怨的人是不受歡迎的，無論是在職場還是在日常生活之中，最終只會把自己的路給走絕。

苦，是一種修行

❶ 無論什麼樣的工作都要做好，不是為了別人，而是為了自己，因為大凡一個成功的人，都不是靠抱怨得出來的；

❷ 少發點牢騷，少抱怨幾聲，是一種低頭做事的智慧，是一種低調的態度，這樣一來，你就可以把那些沒有用的怨聲載道轉化到實際的工作中，從而去解決要解決的問題；

❸ 如果事事抱怨，做事就不會太投入，就會在困境中拔不出來，即便你付出很多辛勞，也會因為抱怨而打了折扣；

❹ 要想成為一個能真正贏得不幸的人，就要丟下一顆抱怨的心，不抱怨、不埋怨是一個人戰勝困境的制勝法寶。

9 朋友相處應有的態度

先看一則故事：

有一位年輕人去拉薩旅遊，在火車上，他認識了一個藏族青年，由於他倆坐在一起，便聊起了天。不覺越說越投機，便成了朋友。

到了拉薩，年輕人和藏族朋友分開了。

有一天，年輕人去一個旅館訂房，恰巧又遇見了藏族朋友，藏族朋友也是來這裡訂房的，他們倆就決定訂一個雙人間。

當到了房間裡後，藏族朋友拿出一個布袋，裡面有一些冬蟲夏草，年輕人驚奇地問：「你要這些冬蟲夏草做什麼呢？」藏族朋友毫無戒備地說：「這些可是寶啊，值好多錢呢！」年輕人看著那些蟲草說：「還是把袋子紮好吧，以免弄丟了。」

藏族朋友笑了笑，說：「不打緊，不會弄丟的。」

年輕人和藏族朋友坐下來，又聊了很久。

當要睡覺的時候，年輕人把自己的錢、卡、證件等壓在枕頭下，並且對藏族朋友說：「我在外旅行，要防著點。」

藏族朋友沒有說話，回到自己的床上睡了。

第二天，年輕人醒來的時候，卻發現藏族朋友已經走了，年輕人慌忙去看他枕頭下的貴重物品，一個也沒有丟，年輕人終於鬆了一口氣。可是，藏族朋友為什麼要不辭而別呢？

年輕人不明白，當他到服務台結帳的時候，服務小姐卻說：「帳已經結過了。」

年輕人一時摸不著頭緒，這時，服務小姐又說：「是昨天和你一起來的那位先生付的賬，對了，他還留了一張紙條讓我轉交給你。」說完，服務小姐把那張紙條遞給了年輕人。

年輕人打開紙條，只見上面寫到：「對不起，我的朋友，我不得不不告而別。因為從你把錢包等東西塞在枕頭下就可以知道你還沒有把我當做朋友，帳已結，祝你旅途愉快！」

年輕人看後，很懊惱不已，沒想到因為他的不信任，得罪了朋友。

這個年輕人和藏族青年成為了朋友，但卻對他防備，像防賊一樣，結果由於這種不信任致使他們之間的友誼不告而終。

再來看一個正面的實例吧：

在兩千多年前的古羅馬，有一個叫皮斯阿司的民族首領，他是一個孝子，同樣對朋友也非常信任，朋友對他也非常信任。

有一次，皮斯阿司率領起義軍，攻打羅馬城，但是到最後還是被鎮壓了下去。皮斯阿司因此被俘。

國王決定，在星期五這天，將皮斯阿司在公共廣場的行刑柱上砍頭示眾。

這一決定公召天下後，人們議論紛紛，都說皮斯阿司是一個孝子，現在他的老母親一定是無人贍養了。

聽別人這麼說，國王就問皮斯阿司：「你不久就要離開人世，你有什麼願望？」

皮斯阿司說：「我起兵這麼多年，從沒有見過母親一面，我想要見她最後一面，為她梳梳頭髮，然後吻她一下……」

國王聽著聽著，覺得皮斯阿司的確是一個孝子，對皮斯阿司說：「現在給你一次機會，你可以回家看望你的老母親。但是，你離開了後，我怎麼會相信你是否還會回來受刑呢？」

皮斯阿司說：「這個你不用擔心，我盡完最後的孝道後就會回來。」

「最晚到什麼時候？」

「週五日落之前。」

「那你要如何給我一個保證？」

皮斯阿司想了下說：「這樣吧，在羅馬城裡，我有一個最好的朋友，他叫達蒙，可以代替我當人質。如果我沒有按時回來，你就可以把他殺掉。」

國王將信將疑，皮斯阿司對他說：「如果你不相信的話，可以和我到達蒙家去走走。」

國王就同意了。

來到達蒙家後，皮斯阿司說明了緣由，達蒙馬上點頭同意讓他做人質。

於是，達蒙被國王率領的衛士抓走了，被綁在行刑柱上。而皮斯阿司快速地向家跑去，去看望他的老母親。

週一過去了，週二、週三、週四接著也過去了……每過一天，公眾廣場上的「看客」都會諷刺和挖苦達蒙：「你這個傻瓜，你的朋友不會回來了……等著瞧吧，被砍頭的一定是你！」

但達蒙相信他和皮斯阿司的友誼，靜靜地等待著。

終於到了週五，皮斯阿司還沒有來。這時候，國王對達蒙說：「看來，皮斯阿司已經逃之夭夭了。」達蒙說：「他會回來的。」國王嗤笑著說：「你被他騙了，我也被他騙了，他是把你當做替死鬼。」達蒙仍相信皮斯阿司會回來。

附近的「看客」們都議論紛紛，都在嘲笑達蒙的傻瓜行為。

眼看著太陽慢慢地就要落下，眼看著達蒙就要被執行刑令，劊子手的屠刀也高高地舉起了……這時候，忽然人群中有一個聲音：「看，他回來了！他回來了！」

順著那個聲音，人們回頭望去，只見夕陽西斜處，有一個人影緩緩地挪動著。

人們清楚地知道他是皮斯阿司，都屏住呼吸。國王也讓劊子手暫停一會兒，看看皮斯阿司到底要搞什麼名堂。

皮斯阿司步履蹣跚地走了過來，他的衣服早已被荊棘刮成碎片，腳上早已沒了鞋子，腳底被磨破，露出了骨頭。在他身後，留下了一條血跡。

終於，他走到了死刑柱前，撲上去抱住達蒙，說：「我回來了，讓你久等了。」說完，便暈厥了過去。

國王馬上下令等皮斯阿司醒了過來再判決。終於到了傍晚，皮斯阿司蘇醒了，問：「我的朋友還在嗎？」

國王說：「他還在，現在已經過了斬你的時刻，不過，我還是決定要殺你們其中的一個。」

皮斯阿司疑惑地說：「為什麼不說只殺我呢？」

國王說：「我被你的精神所感動。」

皮斯阿司說：「但達蒙那麼信任我，你不為他感動嗎？」

國王考慮了良久，叫來達蒙，問他：「如果我要殺死你們其中的一個，你認為應該殺誰呢？」

達蒙說：「你說呢，我都甘願替他當人質，還害怕被殺嗎？」

「萬一他不回來了，被殺的一定是你啊！」

達蒙說：「我相信他會回來的。」

「為什麼？」

「因為我們是朋友。」

國王深深地被皮斯阿司和達蒙的精神震撼了，他沉思了許久。

最後，他抽出了腰間的佩劍，分別在兩個人的右肩上重重地拍了一下，又向門外揮了揮手。按照那個時代的風俗，國王的舉動則意味著：「他們兩人的身份從此由『奴隸』或『死囚』，變成了『自由人』。」

正是這種信任，到最後才改變了兩個人的命運。這種信任會讓友誼之樹更為茁壯！

在經過了社會的不斷顛簸之後，才知道朋友不再像學校裡的那樣單純了，很多時候只是在為自己著想，這種「人不為己，天誅地滅」便是朋友之間最大的致命傷了。會因此得罪人，和很多人反目成仇。

要記得，在和朋友交往之中，要本著信譽、尊重、信任、責任的本分。

苦，是一種修行

❶ 無法互相信任的友誼維持不了長久，會不歡而散；

❷ 交友前要謹慎，交友後要信任；

❸ 在被朋友背叛之後，怒火中燒反而無濟於事，要仔細地想一想緣由；

❹ 對於那些言而無信的人，最好避而遠之。

10 忍字頭上一把刀，遇事不忍把禍招

來看一則故事：

從前，有位修行者，動不動就對人發脾氣，因此，許多人疏遠了他。修行者覺得這樣下去不是辦法，得改掉暴躁的壞脾氣，左思右想，終於想出了一個好辦法。

於是，他花費了大量的錢財，請人蓋了一間廟宇。並讓人在廟宇的橫匾上刻了「百忍寺」三個大字。漸漸地，那些疏遠他的人開始親近了他。修行者心裡高興，感覺自己改掉了脾氣暴躁的壞毛病。

有一天，一位香客想試探一下修行者是否如以前一樣脾氣暴躁，就對他說：「您好，師父，請問一下橫匾上的三個字是什麼？」

修行者很自然地抬起頭，滿不在乎地說：「百忍寺。」

香客笑了一下，繼續問：「對不起，師父！我沒有聽到，麻煩您再說一次。」

修行者顯然不高興了，但沒有表現出來，耐著性子說：「這回你可得聽仔細了！百忍寺。」

香客故意搔了一下耳朵，繼續問：「什麼？請再說一遍！」

修行者耐不住了，大聲喊：「百…忍…寺…！你聽到了嗎？」

香客這才呵呵地笑說：「師父這下可露底了，我以為您能經得起考驗。然而，剛剛才問了三次，您就這樣受不了，還建什麼百忍寺？」

修行者一聽，很不好意思，連忙收斂起憤怒的情緒，微笑著向香客賠禮道歉。

好好控制自己的情緒，才不會得罪人，又能贏得別人的尊重。

我們要能忍得住，在面對無緣無故的羞辱、無中生有的誹謗，還要能忍下來。

再看一則故事：

石油大王洛克菲勒曾經被狀告上法庭。在法官開始審判時，對方的律師拿出了一封信，非常氣憤地對洛克菲勒說：「洛克菲勒先生，我們的信您收到沒有？給我們回信了嗎？」洛克菲勒很自然地說：「收到了，沒有回信。」對方的律師一聽，更怒不可遏，拿出一封封信質問洛克菲勒，但洛克菲勒始終沒有動容。面對洛克菲勒的從容，對方的律師開始情緒失控，最終心神大亂，打輸了這場官司。

洛克菲勒面對這種情況，仍然沒有將憤怒的情緒表露在外，在氣場上壓倒了對方，在官司上贏得了對方。我們要記得隨時控制好自己的情緒，不至於做出傻事。

苦，是一種修行

❶我們在壓抑不住自己情緒的時候爆發出來，當時感覺很爽，但要為帶來的苦果買單，會得不償失，並為自己的衝動後悔；

❷當遇到不順心的事，要用理性的態度去看待周圍的一切，才不會因為控制不了自己而自食其果；

❸忍是最難學會的智慧；

❹忍一時之怒，可免百日之憂。

11 冷靜，不要為了生氣而生氣

來看一則故事：

一九七九年，艾維克到克萊斯勒汽車公司任總裁時，接手的卻是一個爛攤子，公司已經債臺高築，瀕臨破產。面對這樣的問題，艾維克萬般無奈之下，只好求助於政府，希望得到美國政府的擔保，獲得銀行十億美元的貸款，用於公司新型轎車的研發。

可是，這種做法很快遭到了外界的一致斥責，因為在美國企業界有這樣一個共識，那就是依靠政府的幫助來推動企業發展的做法，是違背了自由競爭原則的。瞬間，艾維克被推上了風尖浪口之上。

企業界、輿論界、美國政府和國會的人一致斥責艾維克，甚至把與克萊斯勒所有的客戶都牽扯了進來。客戶們為了明哲保身，紛紛提出解除合約。面對客戶的無理要求，艾維克並沒有衝動地和客戶去理論和爭吵，而是進行了冷靜地分析，採取了「分兵合進、各個擊破」的戰術。

首先，他舉出了他並不是美國第一次向政府申請貸款的企業，過去的洛克公司、全美五大鋼鐵公司和華盛頓鐵路公司都曾先後取得過政府擔保的銀行貸款，總額高達五千多億美元，而克萊斯勒公司申請僅僅十億美元，卻受到企業界的一致菲薄，這是不公平的。

接著，艾維克向輿論界鄭重說明，「向政府申請貸款來挽救克萊斯勒公司，正是維護美國的自由企業制度，保護市場競爭。目前，美國只有三家大汽車公司，一旦克萊斯勒公司倒閉了，整個北美汽車市場就將被通用和福特兩家公司壟斷，這樣一來，以自由競爭精神著稱的美國自由競爭市場，實際上是名存實亡的。」

對於政府，艾維克則表現得不卑不亢，他提出了言辭溫和而骨子裡卻很強硬的警告，他熱心地替政府算了一筆賬，「若是克萊斯勒公司現在破產，那麼，將有六十萬工人失業。僅破產的第一年，政府就必須為此支付二十七億美元的失業保險金和其他社會福利開銷。」他彬彬有禮地向當時正為財政出現巨額赤字煩惱的美國政府發問：「你是願意白白地支付二十七億美元呢？還是願意出面擔保，幫助克萊斯勒公司向銀行借十億美元貸款呢？」

對於合作的客戶，艾維克的工作更是出奇地冷靜應對，「他吩咐公司的所有人，為每個客戶開出一張詳細的清單，上面列有客戶所在區域內所有與克萊斯勒公司有經濟往來的代銷商、供應商的名字，並附有一份如果克萊斯勒公司倒閉將在其區內產生什麼經濟後果的分析報告。」這樣做的實質是暗示這些客戶，「若是你們因為克萊斯勒公司申請貸款而解除所有的合作，那麼，你所在區域內所有與克萊斯勒公司中有業務的關係將全部喪失，這將意味著你們也會跟克萊斯勒一樣，失去整個市場。」

艾維克四下出擊、分兵合進，收到了奇效。企業界、輿論界的反對派偃旗息鼓；客戶中那些原先激烈反對政府擔保的反對浪潮也銷聲匿跡。艾維克在瀕臨絕境之地，沉著冷靜地爭取了社會上各個方面對他的支援，他所需要的十億美元貨款終於順利地到手了。他利用這筆貨款，推出了幾種新轎車。

從一九八三年起，克萊斯勒公司不僅付清了所有的債款，而且還實現了盈利。次年，克萊斯勒公司盈利額達到了八億美元，創造了該公司盈利額最大的一年，而艾維克也因此成為美國企業界最知名的企業家。

在面對別人的非議時要冷靜，不能動不動就吹鬍子瞪眼。一個冷靜的人才會掌握分寸，化解不和諧的音符。

每個人都有這樣的體驗，「在與客戶溝通的過程中，不論我們做得多麼好，做出多大的讓步，可是最後還是不能夠達到對方的滿意，客戶仍在那裡『雞蛋裡挑骨頭』，他們總是喋喋不休地說著自己的不滿。」每當這個時候，很多人就耐不住性子了，覺得自己忍無可忍了，決定和客戶一爭高低。但這樣很容易會使事情被帶入更複雜、更被動的情況。而人們也常說：「人生不如意十之八九。」在職場上遇到客戶的不滿便是家常便飯。為此，**冷靜便是解決問題的最好對策**。

苦，是一種修行

❶凡是成大事者，在與客戶交流中，他們都能抑制衝動、避免爭論、善聽批評、力戒不滿、開放胸懷，用冷靜的頭腦來處理問題；

❷不急躁是一種低調，這樣的人，無論什麼時候都能很好的控制自己，這種能力顯示出真正的人格與魅力；

❸愛衝動的人不易控制住自己的情緒，會得罪人；

❹那些動不動就吹鬍子瞪眼的人是很不理智的，往往會在大事面前出錯，即使是面對一些小事，也難以做得滿意。

CHAPTER 3

人生中帶有一種複雜的酸味

眼淚本是鹹的，但有些淚卻只能往肚裡流，那就不但鹹，而且苦；血本也是鹹的，但一個人的心若碎了，自心裡滴的血就比淚更酸苦。

1 是鑽石，遲早會讓人看見光芒

來看一則故事

一個久不被重用的年輕人，借一次旅遊的機會，拜訪了青岩寺的高僧惠忍。他對惠忍說：「我在公司的學歷很高，也兢兢業業幹了十年，那些比我學歷低、年齡小、進來時間晚的人都得到了應有的職位，但我現在還是一個公司普通員工，實在是不明白這是為什麼，為什麼我的人生和事業會如此的不幸。請高僧指點迷津。」

惠忍聽了他的話，雙手合十說：「你在工作上如何定位自己？」

「我父親也是一家企業的老闆，經商幾十年，有豐富的人生經驗。他告訴我，做人做事不能太露鋒芒。」

惠忍站起身對他說：「請隨我到湖的對面看看吧。」惠忍領著他走出寺院，在湖邊的一排快艇、大船、小木舟中找到寺裡的快艇，發動後，只開了低檔，緩緩前行。

就在這時，一艘快艇加大馬力，從他們身邊呼嘯而過，碧綠的湖面掀起了一層白浪；跟在後面的大船，也在推浪前進，也很快超過了他們；最後，就連隨後而行的雙人小扁舟也走在了他們的前面……

一艘快艇風馳電掣般迎面駛了過來。艇主見惠忍的快艇一直走得很慢，便在他們旁邊大聲問：「和尚，跑得這麼慢是不是沒油了？我有。」惠忍合掌回答說：「多謝，老衲是怕跑得快了有危險。」

一艘大船迎面踏浪駛回來了。船主看著惠忍慢慢爬行的快艇高聲喊道：「和尚，你的快艇慢得像蝸牛，該淘汰了。」惠忍只是微微一笑，點一點頭。

雙人舟也駛回來了。舟主對惠忍說：「和尚，你的快艇連個小木舟都不如，還是報廢了吧！」惠忍還是一笑，沒有多說話，他回頭看看那個年輕人，說：「我們返回吧！」

惠忍調轉艇頭，加大油門，快艇電掣般向前飛馳，第一個回到青岩寺。惠忍走下快艇笑著問年輕人：「你說我的快艇究竟如何？」

「當然很好了！剛才他們是因為不知你沒加足馬力才說你的快艇不好的。」

「是啊，其實人又何嘗不是如此呢？你有實力，是一塊金子，什麼時候都能展現出你的光環，在競爭激烈的今天更是如此啊！只要你有真才實學，你的前途一定會一片光明，你不要被短暫的困境所打敗，只要你堅持自我，一定會走出屬於自己的輝煌。」

那個年輕人聽了惠忍的話，點了點頭，又默默地回到了自己的崗位上。果然，在年底的時候，他的業績和能力被公司的高層看重，提升做了部門經理；一年後，又被調升去公司總部，做了副總經理。

只要是鑽石、黃金，無論放在何處，只要用心去打磨，總有一天會讓別人發現你的光輝。要相信，是鑽石，無論在哪裡，處於什麼樣不幸的環境，遲早都會發光。

人生也是如此。如果你是一顆「鑽石」，那麼就不要因為暫時的失意而失去了信心，也不要因為短暫的挫折而否定了自己的價值。因為你只要耐心地等待，等待機會，等待屬於你的伯樂，那麼你一定會發出屬於你本身的光彩。如果你有才華，那麼就無需炫耀自己，無需嘩眾取寵，無需靠別人的眼光來證明自己的存在，只需耐得住寂寞，總會等到守得雲開見月明的那天。

有時會嚐到一種酸味

❶只有自己重視自己，別人才可能尊重你，否則，連你自己都看不起自己，別人又為什麼要看得起你呢？

❷才學就像是好菜，應該放在碗底，等到別人都吃完的時候，才越顯得你的真本事，這時大家自然會尊重你，賞識你，這時你才是最大的贏家；

❸肚大學問深，肚大能撐船，有才學的人也應該擁有宰相的肚量，要知道真正的才學是藏在肚子裡的，而不是擺出來賣弄的，要懂得低調；

❹要時刻提醒自己，在這個世界上，比你有才學的人無處不在。

2 低調，讓你躲開鋒芒的攻擊

來看一則故事：

小雅在大學畢業後，去了一家資訊公司工作。很快實習的時間過去了，小雅在業務與能力上，受到了公司主管的多次誇獎。不久，人事部門進行了一系列的人事變動，她很順利地進入了公司最有前途的資訊開發部。可是，小雅很快就發現，部門裡有一個叫張馨的研發員最有能力，很多同事都會圍著她轉。這些小雅都看在眼裡，知道在開發部裡，張馨會是自己最大的競爭對手，如果能夠打敗她，就可以確立自己在部門中的地位。

於是，小雅在暗地裡調查，知道以前在公司裡有很多有才華的年輕人都在與張馨的競爭中落馬，有的甚至被迫離職。知道這些情況後，更加激起了小雅的好勝心，她彷彿找到了一種棋逢對手的感覺。

小雅的確是公司中唯一有能力與張馨一決勝負的人，她在很多方面都佔據著優勢「年輕、博學、英文好」，而張馨只是一個老研發員，工作經歷和經驗相對豐富些而已。

一天，公司把一個大客戶交給了開發部。很快，在全部門的共同努力下，一個可行的方案誕生了。兩天後，公司召集所有部門的相關人員專門開了一個方案的研討會。當方案拿出時，其中一個資訊的關鍵參數出現了問題，並且這個參數決定著整個方案的成敗，而這個方案參數正是張馨設計的。

其實，小雅早就看到了問題，她事前沒有指出這個問題，而是在研討會上提出了錯誤的所在，她還拿出自己的設計參數，羅列出十幾條張馨設計參數的錯誤之處，以及這些參數將導致了後果和公司將要賠償的損失。大家都看得出，小雅早知道這個錯誤，今天的一切都是她有準備的。

面對眾多的專家和同事，張馨很尷尬，只是低下了頭，口中念叨著「老了，老了。」看到這個場面，小雅得意極了。

最後，小雅的方案設計得到了公司上層的認可。

小雅可謂是一戰成名，這件事情很快傳遍了公司。她自己也為在研討會上的精彩表現沾沾自喜。

幾天後，小雅被公司的董事長叫去，董事長開門見山地說：「小雅呀，公司現在的外勤部人手緊張，看你工作那麼出色，我決定把你調到外勤部，專門負責外面的市場調研工作。人事部已經為你辦好了調動手續。」

小雅知道，老總其實是明升暗降，把自己調離開發部，公司中誰都知道外勤部是公司最沒有前途，最苦、最累的部門。可是，這是公司董事長的直接命令，小雅只好咬牙接受。

後來，一個知內情的同事告訴小雅：「張馨是董事長的老婆，你那天在研討會上據理力爭，沒有給張馨留一點面子，讓她下不了臺來，老闆怎麼可能不會生氣呢？」

這時，小雅才恍然大悟，後悔自己當時太過爭強好勝了。

可見，一個人有必要低調，有必要給別人面子、讓別人下得了台，這樣，才不會遭到別人的嫉恨或算計，才能更好地走好自己的人生之路。

俗話說：「槍打出頭鳥。」出頭鳥雖然是在鳥群中最聰明和最強壯的，但是也是最容易成為被攻擊的對象，成為被石子、彈弓、鳥銃、氣槍等打擊的目標。

在生活中，也是一樣。如果你想躲開別人的攻擊，又能把事情辦好，千萬不要做領頭雁、出頭鳥，否則，會成為眾人攻擊的對象，成為眾矢之的。這樣，苦難和不幸就會像雨點般降落到你的頭上。

老子也曾說：「良賈深藏若虛，君子盛德，容貌若愚。」那些善於隱藏的人，都是耐得住寂寞的人。而古往今來的聰明人，無不謹小慎微，喜歡隱藏自己，他們表面上看似波瀾不驚，實際上內心無時無刻不在暗流湧動，他們善於以靜為動，從不耀武揚威，把真正的實力隱藏了起來。他們在做事的時候會顯得很低調，讓別人來不及防備，等到別人發現的時候，他們已經把成功的一面展露在了別人的面前。

有時會嘗到一種酸味

❶要做到隱藏自己，就要學會像水面一樣，處在波瀾不驚的狀態，讓別人捉摸不透你。在人生的生活、職場、情場和商場等各個方面，應學會像水一樣，保持一種波瀾不驚的狀態，很好地偽裝自己；

❷不要一下子展示你所有的本領，這樣會讓你遭到別人的嫉恨，有時可能會給你穿小鞋，帶給你意想不到的困境；

❸鋒芒不宜畢露，有能力展露鋒芒固然好，但一定要記住，如果其他人一致針對你，即使你是多麼出色，也不要觸犯眾怒，那樣你遲早會遭遇不幸；

❹如果你們相互之間確實是潛在的競爭對手，但不論你內心的想法是什麼，也不論有著怎樣的目標，都不要太過於高調。

3 安分做自己，不貪戀讚美

來看一則故事：

劉偉是一個典型需要贊許的人。他是一名記者，對於現代社會的各種重大問題都有著自己的一套見解，如節制生育、人工流產、南水北調、義務教育等。他總是喜歡把自己的觀點說給更多的人聽，可是每當他的觀點得不到贊同甚至受到嘲諷時，他便覺得十分沮喪。為了讓自己的每一句話和每一個行動都能被大家贊同，他花費了不少心思。

有一次，劉偉和一位朋友聊起吃安眠藥自殺的問題，他說他堅決反對無痛致死法。但是他發現他的朋友皺起眉頭表現出很不高興的樣子，為了不影響和氣，他幾乎本能地立即修正了自己的觀點：「我剛才是說，一個神智清醒的人如果要求結束其生命，那麼倒可以採取這種做法。」當他注意到朋友表示同意時，才稍稍鬆了一口氣。

後來，他和自己的上司也無意中談到了這個話題，這次吸取上次的教訓，他說自己贊成無痛致死法。可是，上司聽了後，卻對他強烈地進行了批評：「你怎麼能這樣說呢？這難道不是對生命的褻瀆嗎？」劉偉實在承受不了這種責備，便馬上改變了自己的立場：「我剛才的意思只不過是說，只有在極為特殊的情況下，如果經正式確認絕症患者在法律上已經死亡，那才可以截斷他的輸氧管。」

最後，他的上司終於點頭同意了他的看法，他才再一次擺脫了困境。

在每個人的心底，都有那麼一點虛榮心，都想得到別人的讚賞和認可。從表面上看，這似乎沒有什麼危害，也沒有什麼不對，只是讚美多了，人就容易變得驕傲，自信心也會隨之慢慢地膨脹。如果一個人長期處在讚美的環境中，便會逐漸失去了自我，因為他的耳朵裡聽到的都是好話，都是溢美之辭，從而看不到自己的短處和缺點，久而久之，便會變得恃才傲物。

因而，當我們沉浸在別人的掌聲、喝彩聲中的時候，一定要對自己此時此刻的幸福和快樂有一個清醒的認識，千萬不要染上虛榮的毒癮，淪為別人贊許的犧牲品。為迎合他人的觀點與喜好而放棄自己內心真實的想法，慢慢地也就失去了自我價值。

要記得，聲名和贊許遠遠沒有一帆風順、平平安安重要。

有時會嘗到一種酸味

❶ 如果想活出一個真實的自我，必須將這種過分依賴他人贊許的虛榮心，從生命中根除掉；

❷ 如果一個人為了得到別人的讚賞和認可，不惜去做一些違心的事情，甚至不惜以犧牲自己的尊嚴為代價，這就不僅是滿足一點虛榮心的問題了，而是虛榮心過度膨脹的表現；

❸ 如果一個人長期處在讚美的環境中，便會逐漸失去了自我，因為他的耳朵裡聽到的都是好話，都是溢美之辭，從而看不到自己的短處和缺點，久而久之，便會變得恃才傲物；

❹ 做一個安分的人，不求別人的讚美，便會知足、快樂。

4 不顯山露水，才是智者

來看一則故事：

在清朝雍正皇帝之前，歷代王朝都以宰相統轄六部，權力過重，使皇帝的權威受到了一定影響，如果一個君王有手腕駕馭全域，使宰相為我所用，這當然很好，但如果宰相超權行事，時間一長便很容易與皇帝、大臣們產生分歧，很容易給國家添亂子、造麻煩。這樣的例子舉不勝舉。

在雍正即位之初，雖然掌管著國家的最高權力，但舉凡軍國大政，都需經過集體討論，最後由皇帝宣佈執行，不能隨心所欲自行其事；權力受到了制約，皇位受到了挑戰。雍正為了把權力重新集中到自己手上，就暗中想出一個辦法，他開創性地要求設立一個軍機處，從而得到一攬最高權力的目的。

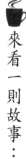

雍正對軍機處管理得特別嚴密。他對軍政大臣的要求也極為嚴格，要求他們時刻與自己保持聯繫，並留在皇帝最近的地方，以便隨時召入宮中應付突發事件。軍機處也會像飄移的帳篷一樣隨皇帝的行止而不斷改變。皇帝走到哪裡，「軍機處」就設在哪裡，類似於我們現在的現場辦公。

雍正的第二大特點是對軍機處的印信管理得非常嚴密。印信是機構的符號和象徵，是出門辦事的護身符和通行證。軍機處的印信由禮部負責鑄造，並將其藏於軍機處以外的地方，派專人負責管理。當需用印信時，必須報告皇上給予批准，然後才能有軍機大臣開啟印信，在眾人的監視下使用，以便起到相互制約的作用。

設立「軍機處」起到了意想不到的效果，以前每辦一件事情，或者有關的奏摺，要經過各個部門的周轉，最後才能夠送達到皇上手裡。其中如扯皮、推諉的官場陋習使辦事效率極為低下，保密性能也差，皇上的指令無法貫穿始終。而自從設立軍機處以來，擺脫了官僚機構的獨斷專行，使雍正的口諭可以暢通無阻地到達每一個地區，從而把國家大權牢牢地控制在自己手上。

設立「軍機處」將「生殺之權，操之自朕」的雍正推向了封建專制權力的頂峰。「軍機處」由於在皇上的直接監視下開展工作，所以處處謹小慎微，自知自律，奉公守法，營造了一種清廉的官場形象。「軍機處」的設置，也保證了中央集權的順利實施，維持了社會的相對穩定和統一，避免了社會的動亂和民族的分裂，推動了社會的繁榮和發展。

《道德經》上說：「上德若穀，大白若辱，廣德若不足，建德若偷；質真若渝，大方無隅，大器晚成。」意思是說，上德的人虛懷若谷，在大庭廣眾之下卻看似並不出眾，甚至沒有人知道，建德者做了仁德之事之後，而是默默無聞的，絕不會四處張揚。最有價值的器具，要耐得住寂寞，等待長時間的千錘百煉後，才能製成。

在這個社會上，就不能太張揚、太露骨，雖然能夠顯得自己高人一頭，但這樣卻會引起眾多人的妒忌，也讓別人更關注你的一舉一動，這樣反而會給你日後的工作帶來眾多的壓力和不便。表面上看上去轟轟烈烈，而結果卻是「雷聲大，雨點小」、「說得比唱得好聽」，就是見不到辦事的效率，所以這類人在生活中常受到困擾，不斷遭受這樣或那樣的不幸。

真正的智者，他們懂得耐得住寂寞，不會顯山露水，他們表面上看上去很不顯眼，卻能在暗中默默地將事情完成，遠離不幸和困境。

有時會嘗到一種酸味

❶ 無論是做人還是處事，若想取得最大限度的成功，首先不要過分暴露自己的意圖和能力。只有這樣，事情辦起來才不會出現眾多人為的障礙和束縛，辦起事來就會出現事半功倍的效果；反之，我們將會受到許多意想不到的人為阻撓，事情辦起來就會很難成功了；

❷ 一個人過於顯露出自己高於一般人的才智，往往會對自己不利，甚至招來外力的攻擊；

❸ 真正的成功要耐得住寂寞，經過長時間的修養；

❹ 耐得住寂寞的人在做事的時候，既不顯山，也不露水，它既能有效地隱藏真實意圖，又能出人意料地獲取成功。

5 千年守候的傳說

來看一則故事：

這是一個古老的傳說，相傳在美索不達米亞，有一位美麗的姑娘愛上了一位小夥子。她和小夥子海誓山盟、誓死不分手，然而後來的一場戰爭，小夥子去參戰了再也沒有回來。姑娘天天淚流滿面、痛不泣聲，有人說那位小夥子已經戰死在沙場了，姑娘搖搖頭，不相信；有人說小夥子已經移情別戀了，姑娘搖搖頭，也不相信。村裡的人都建議她改嫁，不要再守候一個死去的人或負心漢了。然而，無論別人怎麼說，姑娘都是默默地等候。她天天等，日日等，等得花兒都謝了，還是默默地等候。姑娘希望有一天小夥子可以回到她的身邊，連做夢都是和小夥子約會的場面。然而，歲月不饒人，姑娘等到了晚年都沒有等到她的情郎歸來。姑娘在臨終之際，請求上蒼讓她來生能夠見到她的情郎。

一千年後，姑娘再次做了一個亭亭玉立的女孩，來到一個湖邊。女孩經過菩薩的點化明白，今生她會遇到那位男孩。於是，女孩天天等，天天尋，終於在斷橋見到了那個讓她朝思暮想的男孩。

女孩心中怦然一動，和他聊天。從對方的口中，她知道，他也在一直在尋找一位女孩。男孩說，他曾經做了個夢，夢見有個女孩，在佛祖面前苦苦求了一千年，希望用一千年的等待換來與男孩的一面之緣。女孩頓時苦苦一笑，眼淚嘩嘩直流。

……

女孩和男孩最後走到了一起，當他們都老去的時候，兩個人同時見到了菩薩，原來，他們等待的正是對方。兩個人相視一笑，笑得很甜蜜。

對我們來說，千年等待只是一個美麗的傳說。千年等待千年孤獨，像望夫石的傳說，像長生殿裡思念愛妃不成千年後的來生緣。千年，何等長的一個概念，但千年轉瞬即逝，其中的一切也會化為烏有。其中的悵恨連綿，其中的孤獨難耐，只有時間才懂。

一個人耐不了時間的煎熬，不會從中嘗到真正的孤獨，真正的愛的滋味。當你的愛人不在身邊的時候，在兩地茫茫、兩地孤苦的時候，要學會享受現在的生活，為了他，哪怕一句話，等下去！千年，會讓你修成正果，化解對他的恩恩怨怨。

有時會嘗到一種酸味

❶很少有人讓我們守候千年，除非是我們的愛人；
❷千年是一個漫長的過程，我們沒有機會活過千年，但我們能有千年守候的決心；
❸千年轉瞬即逝，可千年每一天都度日一年，其中的守候、其中的寂寞，如果不去慢慢地品味，永遠也不可能在愛的境界裡得到昇華；
❹如果那個人已經不再愛你，和你無絲毫關係，就不需要一刻的守候了，放棄他，去尋找更美的愛情、生活！

6 獨處是種清福

來看一則故事：

清朝曾國藩曾向一位修行極高的出家人請教養生之道。出家人磨墨運筆，龍飛鳳舞地寫了一張處方遞給他。

曾國藩接過處方又問：「現在正是七月流火之時，天氣炎熱，弟子往日總感到五內具焚，如坐蒸籠，為何今日在大師這裡似有涼風拂面一樣，一點也不覺得熱呢？」

出家人朗聲說：「乃靜爾！老子云：『清靜物之正。』水靜則明燭鬚眉，平中准，大匠取法焉。水落石出靜猶明，而況精神？聖人之心靜乎，天地之鑒也，萬物之鏡也。夫虛靜恬淡、寂寞無為者，天地之平而道德之至也。世間凡夫俗子，為名、為利、為妻室、為子孫，心如何能靜？外感熱浪，內遭心煩，故燥熱難耐。大人或許還要憂國憂民，畏讒懼譏，或許心有不解之結，肩有未卸之任，也不能心平氣靜下來，故有如坐蒸籠之感。切脈時，我已以心靜感染了你，所以就不再覺得熱了。」

追求寧靜，或者是追求獨處對許多人來說是一個夢想。獨處有時候並不是遺憾，而是可以用來享受的。而很多人便會把失意、傷感、消極等與獨處聯繫在一起，認為將自己封閉起來，就是獨處，其實，這是一種誤解。倘若這樣去超越生活，就不僅限制生命的成長，還會與現實隔閡，這樣的人只是逃避生活。

獨處就像個沉默少言的朋友，在清靜淡雅的房間裡陪你靜坐，雖然不會給你諄諄教導，但卻會引領你反思生活的本質及生命的真諦。

獨處，也是一種難得的感受。當你想要躲避它時，表示你已經深深感受到它的存在。此時，不妨輕輕地關上門窗，隔去外界的喧鬧，一個人獨處，細心品味獨處的滋味。坐在桌前，焚一爐檀香，沖一杯咖啡，翻一本書，感受久違的紙墨清香。當然，如果你願意，也可以啥也不做，只是坐在那裡沉思，思考人生，思考一切。如果你願意，你也可以什麼也不想，只是一個人靜靜地待上一會兒，讓大腦暫時處於休眠的狀態。

獨處，還是知心的好友。在你心煩時，它不會打擾你，也不會對你有所求。而熱鬧需要外求，獨處則是隨時與你同在，在你需要時，它便輕輕地來到你身邊，靜靜地聽你傾訴心聲。它能為你保守秘密，雖然它不會說話，卻能讓你更好地認清自己。它不會對你比手畫腳，卻能讓你以更加自信的步伐邁出人生的下一步。因而，當對工作、生活感到倦怠時，不妨找個空間獨處，獨處時可以讓人充分感受寧靜祥和，忘卻爭鬥與煩惱，就如同走出喧鬧的都市進入萬籟俱寂的曠野一般，讓人心曠神怡。此時獨坐一室，於清茶中品味人生，則生命的目的會因此明晰；在書中品味生活，則生活會更加多彩多姿。

獨處會讓我們的心歸於平靜，會讓我們在恬然中享受一份淡然、寧靜。

有時會嘗到一種酸味

❶人要耐得住寂寞，就難免會獨處，遇到的時候就好好享受獨處吧；
❷在獨處時領悟，會引領心靈上升一個境界；
❸在快節奏的今天，當被壓力壓得喘不過氣時，不妨試試獨處，獨處時的寧靜可以使你放鬆身心，還能提高分析問題的能力；
❹不要為獨處而遺憾，它能使你暫時放下心中的雜念，獲得片刻悠閒，很多時候，享受獨處就是在享受人生。

7 十七年後的重逢

對很多人來說，十七年是一個漫長的過程，之間會發生很多故事。尤其是在愛情當中，十七年可以成就一個人，也可以永固一顆心。

下面，來看一則十七年中為愛耐得寂寞守得雲開的故事吧：

在一個海邊，有一座小城。城主有一位漂亮而又賢慧的女兒，很多人都在追求她。然而城主的女兒偏偏愛上沒有身份沒有地位的小夥子巴爾。城主非常的疼愛女兒。可是，巴爾只是一個窮小子，為了服眾，城主決定只要在比賽中贏過眾人就可以成為城主的女婿。城主舉行了一次划艇比賽，誰划到對面的小島然後第一個折返回來，誰就是城主的女婿。大家爭相報名，巴爾也有報名參賽。有一些人不希望巴爾取得最終的勝利，就在比賽中偷偷的攻擊巴爾，害得巴爾跌入海中。

城主的女兒在岸邊看到遠處巴爾的船隻一直載浮載沉，心裡一陣慌亂，但聽說巴爾遙遙領先時，總算放心了。可是，最終第一個返回的不是巴爾，而是謀害巴爾的人其中一個。城主的女兒在岸邊苦苦的等待，卻始終沒有等到巴爾。那些人都說巴爾不喜歡城主的女兒，已經借助風浪逃跑了。

城主的女兒天天以淚洗臉，她不相信巴爾會逃走，可是巴爾偏偏不見了，城主的女兒傷心極了。看到女兒哭得那麼傷心，城主很心疼，可是他得履行當初的諾言。城主的女兒說，她不會嫁給那些無賴，她不相信巴爾會逃走，她要出海找巴爾。城主嚇壞了，對女兒說，雖然他也不相信巴爾會逃走，可是巴爾始終沒有回來他也沒有辦法啊，他也不想讓自己的女兒嫁給她不喜歡的人啊！城主的女兒滿面淚痕地說，如果父親不想看到她婚後自殺，一定要拒絕那些無賴。但這件事已經鬧得滿城皆知了，讓他覺得十分為難。城主的女兒想了一會，告訴父親，他可以向世人宣佈說她已經失蹤了。

有必要這麼做嗎？城主問女兒。但城主的女兒非得讓城主答應她的請求，城主沒辦法，也只好點頭答應了。城主以為自己的女兒會乖乖地待在小城裡，永遠不見人，然而他還是錯了。城主的女兒為了不連累父親，留下一封信就走了。信上說，她去找她的巴爾，在她沒有找到巴爾之前她不會回來的。她是一個不孝的女兒，請求城主的原諒。城主看著看著，眼睛濕潤了。

從此以後，小城裡的人都知道城主漂亮而又賢慧的女兒消失了。

而城主的女兒歷盡千辛萬苦，終於一個人來到了當初比賽的小島，她在島上找了好長時間都沒有找到巴爾。城主的女兒傷心極了，昏倒在了小島上。

當城主的女兒醒來的時候，她已來到了另一片天地。守候著她的人對她說，說他們在海上航行時發現了她然後把她救了回來。城主的女兒感謝他們的救命之恩，滴水之恩當以湧泉相報。這時，就有人說了，是市長的兒子救了他。市長的兒子？城主的女兒正自納悶。這時，看見一位威風凜凜的小夥子走了過來，他跪在城主的女兒身邊說：「你醒了？」然後親吻城主女兒的手。城主的兒女以為這到了西方世界，更不知道該怎麼辦了。

城主的女兒告訴那位追求者，說她已經有了心上人。市長的兒子不明白，論才華論相貌他不比任何人差，為什麼她偏偏獨鐘那個巴爾呢？城主的女兒說沒有理由，她喜歡巴爾這件事永遠也不會改變。市長的兒子打動不了她，也不忍心傷害她，只好讓她繼續等她的巴爾。

城主的女兒等啊等、等啊等，窗外的花兒開了又謝、謝了又開，不知道都到了什麼年份，這時，她身邊的人告訴她說已經十七年了，接受市長兒子的愛吧。可是，城主的女兒傷心地說，她一天不看到巴爾歸來就一天不放心。市長的兒子沒有辦法，只好讓她繼續等待。

有一天，城主的女兒被悶壞了，來到大街上走動，她看到了一個邋遢的人倒在了街上，出於惻隱之心，把他帶回了市長兒子的家。城主的女兒萬萬沒有想到，他就是巴爾。城主的女兒傷心地哭了。這一次她哭得無所顧忌。十七年，多麼漫長，她終於找到了她心愛的人。

巴爾把當初被害的情景告訴了城主的女兒，城主的女兒聽後決定回去向父親澄清事情的原委。但就在城主的女兒和巴爾即將離開時，市長的兒子卻死死不放他們走。他已經愛了她十七年，也等了十七年，難道她要為了一個陌生人可以捨棄這麼多年來對她的愛嗎？看到市長的兒子淚流滿面，城主的女兒也掛著淚珠晶瑩，說巴爾不是陌生人，她當初就已經把心給了她，今生今世沒有人可以取代巴爾在她心中的位置。可是，任憑市長的兒子怎樣哀求，城主的女兒就是鐵了心，要生生世世和巴爾在一起。看到她那麼堅定，市長的兒子也只好含著淚答應了。

城主的女兒和巴爾回到了當初的那個小城，向父親澄清了事實。父親看到女兒終於回來，可是老淚縱橫，馬上讓人懲辦了當初那些陷害巴爾的人。

城主問女兒，這些年來她是怎麼過的，現在巴爾已經老了，她怎麼還願意和他在一起。城主的女兒說，即便巴爾受盡了滄桑，無論他是人還是鬼都要生生世世跟著他。她不在乎巴爾的身份、相貌，她要的是一個人，而不是一個皮囊。身在一旁的巴爾聽到了，感動極了，把城主的女兒摟在懷裡傷心地哭了。

後來，巴爾接替了城主的位置，對城主的女兒始終如一，再也沒有娶別的女人。

還記得《神雕俠侶》的故事嗎，「楊過和小龍女兩相情願，也彼此心有靈犀，但是後來，兩個人分隔了十六年。在此之前，楊過並沒有想到小龍女可能已經死在絕情谷底，他以為小龍女真的被南海神尼所搭救，十六年後就會讓他們夫妻團圓。而楊過就在這接下來的十六年當中為國家做出許多貢獻。幸好十六年之後，奇跡出現，他和小龍女得以團聚。這十六年後的再一次重逢，那是多麼說不出來的感覺。」

我們要耐得住愛情，能守得住寂寞，這樣，才能獲得真情！

有時會嘗到一種酸味

❶ 經過愛情的考驗之後才知道，只有一個人才會和你白頭到最後，其他的都是過客；

❷ 多年之後再次相逢，雖然雙方的樣貌、身份、地位都變了，如果心不變，那就是一份真愛；

❸ 那些見一個愛一個，耐不住寂寞的人，到最後會一個人孤獨到老；

❹ 當愛人不在身邊的時候，也要很好的把持住自己，彼此之間的愛情才會昇華。

8 不求轟烈，只願平淡

來看一則故事：

有一個弟子到法堂請示禪師說：「禪師！我常常打坐，時時念經、早起早睡、心無雜念，自忖在您座下沒有一個人比我更用功了，為什麼就是無法開悟？」

禪師拿了一個葫蘆、一把粗鹽，交給弟子說：「你去將葫蘆裝滿水，再把鹽倒進去，使它立刻溶化，你就會開悟了！」

弟子遵示照辦，過了不久，跑回來說：「葫蘆口太小，我把鹽塊裝進去，它不化；伸進筷子，又攪不動，我還是無法開悟。」

禪師拿起葫蘆倒掉了一些水，只搖幾下，鹽塊就溶化了，禪師慈祥地說：

「一天到晚用功，不留一些平常心，就如同裝滿水的葫蘆，搖不動，攪不得，如何化鹽，又如何開悟？」

弟子說：「難道不用功可以開悟嗎？」

禪師說：「修行如彈琴，弦太緊會斷，弦太鬆彈不出聲音，中道平常心才是悟道之本。」

弟子終於領悟。

有人說，人生就應該活得轟轟烈烈，而不是平平淡淡，甚至躲在一個無人知曉的角落裡。擁有這種想法的人，往往是活得悲壯，死得慘烈。一個太愛出風頭的人，往往會被上司看不起，受到同事的憎恨；一個太愛折騰的人，往往會四處碰壁，甚至撞得頭破血流……

其實，人生就像是江湖。真正的劍客並不是四處挑釁，想打敗所有的劍客，真正的劍客是手中無劍，因為他懂得人外有人、天外有天，如果有一天有人打敗了他，他怎麼能接受失敗的痛苦呢，與其那樣，不如安安靜靜地生活；一個真正的武林高手，不會想四處打鬥，爭天下第一，做武林盟主，真正的高手懂得歸隱，歸隱于山林，享受著山野平靜、鳥語花香的生活。這些人都是耐得住寂寞的人，遠離了爭鬥和血腥，遠離了不幸與苦難，所以他們會生活得很幸福。

至於世人，總是東奔西走，南沖北突，想要的東西太多，眼睛盯著浮華世界裡的功名利祿，到死才發現得到的東西很多，丟了的東西更多，人生在世，只不過幾十年的時光，如何讓自己活得自由自在？

星雲大師說：「有的人有錢有勢、有名有位，乃至兒孫滿堂，但是卻活得不自在，人生要活得幸福，就要在平淡中感受生活。」生活需要舒適，並不需要鮮花的陪襯，我們只需要在心靈的平淡中感受生活，平淡處事，正確對待身外之物，才能活得舒心自然。

人就無需苛求太多，口袋裡的錢夠花就行，家裡的房子溫馨就好，平平淡淡的，才是幸福和快樂。

有時會嘗到一種酸味

❶滿目青山是平淡，茫茫大地是平淡，浩浩長江是平淡，潺潺溪水是平淡，青山翠竹是平淡，鬱鬱黃花也是平淡；生活就是平淡，平淡就是生活，世間一切最終還是以平淡為最美；

❷人生的真諦並不在於熱鬧非凡，而在於平平淡淡、返璞歸真；

❸人生不是只為背負沉重而活，而是為了從背負的沉重裡取一點成就讓自己感受快樂和幸福；

❹人生無需所求太多，自己夠用就行。

9 六十多歲的新娘

來看一則故事：

不知是多少年前的事情了，他和她相約在櫻花樹下，他喜歡她的嫵媚動人，她欣賞他的才華橫溢，兩個人希望生生世世在一起。

然而，天有變數，後來，他因為工作調任到外國。臨走前，他告訴她，讓她等他三年，三年後回來娶她。

就這樣，她每一天都度日如年，每一天都盼著和他相聚的日子。她一直相信，他們曾經的諾言，他會回來娶她。

一開始，他和她保持著聯繫，但漸漸地，聯繫越來越少，她認為他可能忙，顧不上自己了。

然而，很快兩年過去了，他卻消失了。她不明白是什麼原因，但還是心存著希望，相信三年一過他就會回來娶她。

日子如流星趕月，期間也有好多人上門求婚，但她都拒絕了，期盼著三年後的他會赴約。

盼著盼著，不知不覺三年就過去了，她以為他會兌現當初的諾言。

可是，他並沒有來。她不明白怎麼了，她不相信他會背叛她。

最後他還是沒有赴約，她就收拾行囊，準備去他工作的地方找他。就這樣，她踏上了遠去異國的飛機。

好不容易終於找到了他，而他卻已經結婚了。她淚流滿面，問他：「為什麼不等我？為什麼三年後沒有來找我？」他沒有想到她會千里迢迢來找他，說：「我以為你已經忘了我，況且咱們只是口頭約定。我以為你會和別的人結婚。」她說：「我是那麼信守承諾，你倒好，移情別戀。」他的新婚妻子知道了這件事，對她說：「其實也不能怪他，他是很想你的，只是後來發生了一些事情，他才和我結了婚。」她不明白，問她發生了什麼事情，她說：「他在海外謀生，承受了太多的痛苦和壓力，在他撐不下去的時候，他遇見了她，而她幫助了他度過了難關，他不得不娶她為妻，所以……」她明白了，說：「這些年，我一直相信他會回到我的身邊，一直相信他曾經的甜言蜜語，我是日日等，夜夜等，只是希望能兑現三年後的諾言。三年過去了，他竟杳無音訊了，他有沒有想過我當時的感覺？既然他忘記了我，我再多說也無濟於事，反正你們是患難夫妻，我算什麼，不過是一個癡情的傻女人罷了。」看到她痛哭流涕，他的妻子說：「原諒他吧，反正他現在已經結婚了。」她擦拭了眼淚，說：「沒想到千辛萬苦找到了我想見的那個人，卻是幻想破滅的時刻，看來我真是傻到了極點。」說著，又嗚嗚地哭了起來。

過了幾天，她獨自地離開了，灑下了幾行淚，默默地祝福著他和他的妻子快樂。

她走後，他反而覺得不安穩，問妻子：「她原諒我了嗎？」

妻子說：「看來她已經想清楚了，把她忘了吧！」

他試圖把她忘掉，然而卻忘不了她。

夜靜闌珊，他躺在床上翻來覆去睡不著，他原以為她不會等他三年，沒想到她竟然做到了，他覺得對不住她。

就這樣，他一直心存愧疚。

日子一日日地過去，轉眼他到了暮年，而他的妻子也已經辭世了。他想去看望她，於是，踏上了輪船，去當初他初戀的地方。一路上，他浮想聯翩，她現在還好嗎？結婚了嗎？是否是兒女滿堂呢？他想了很多。

終於到了他遇到她的那個地方，只是物是人非，他不禁潸然淚下。她的父母早早就去世了，而她卻不知去向，聽住在附近的居民說，四十年前，她曾經搬到了海外，就再也沒有回來。

海外？他摸不著頭腦，她在海外沒有親戚朋友，能搬到哪裡去了？他思來想去都不知所以然。

他又在這個地方住了幾個月，等待著能見到她，然而，他找了很長一段時間，都沒有她的蹤影。他以為她已經死掉了，就懷著支離破碎的心又回到了海外。

一天，他去郊外溜達，恍惚之間看到一個熟悉的身影，他很驚奇，一時間想不起是誰。於是，他對那個熟悉的背影產生了興趣，漸漸地去發現它。當他走進了那個背影所進的屋子裡時，他驚呆了，怎麼有很多自己四十年前的回憶？這時候，他聽到一個蒼老但熟悉的聲音問：「你是誰啊，是來找誰的呢？」當他看到她出現在他的面前，竟然哽咽不知道說什麼好了。

過了很長一段時間，他問她：「你不是回國了嗎？」她說：「回國幹嘛呢？我相愛的人不在那兒。」「那你，在這裡……」她微笑著說：「起碼能每天看到我一直想見的那個人，雖然遙不可及，但能知道他幸福也就心滿意足了。」「你可知道，這些年我也一直忘不了你。」「當然知道，我又何嘗不是。你的妻子已經去世了，你還好嗎？」他哽咽著說：「怎麼會好呢？現在我孤獨難眠，四十年來一直在想著一個人，可她不在我的身邊。當初我和妻子結婚，不過是生意場上的事不得已而已。我以為你會忘掉我，沒想到……」她打斷他的話，說：「怎麼能忘記呢？這四十年來，我天天等，雖然不敢奢望能和你在一起，但我忘不了四十年前的那段愛情。」他終於吞吞吐吐地說出了幾個字：「咱們結婚吧？」她苦笑，說：「算了吧！」他說：「為什麼？難道你要看著我孤單一個人老去嗎？我的妻子在臨死之前告訴我，說我虧你很多，一定要讓我找到你，娶你為妻。現在我好不容易找到了你，怎麼能就此甘休呢？」她推開他，說：「雖然我至今對你還情有獨鍾，但是咱們之間已經不可能了。」「為什麼，是因為當初我沒有實現諾言嗎？」「不是！」「那是為什麼？」「反正不可能就是不可能，沒有為什麼。」

他沒有灰心，以後常常來到郊外，乾脆在郊外也蓋了一間屋子住下來。終於，她感動了，哭著說：「何必要這樣子呢？你在別墅裡住的好好的，幹嗎要搬到荒郊來？」他說：「別墅裡沒有愛，我的愛在哪裡我就要去哪裡。」「可是，你認為咱們之間還有可能嗎？」「雖然我曾經虧待了你，我也知道是我的錯，現在我在此懺悔。」看到他誠意的樣子，她不忍心再折磨他，因為她愛他。

就這樣，她還是被他的誠心打動了，六十多歲終於第一次做了新娘。

在洞房裡，他流著淚說：「我要為我今生犯下的錯償債，無論你是貧是富，我只愛你一個人。」她笑著說：「如果你生意場上再次失敗，有一個富家女幫助了你，今天的話是不是都付諸於東流水，然後和她私自結婚了呢？」他說：「不會了，這些年我才知道我愛的人是你。沒想到一等讓你等了四十多年，我真不知該怎麼報答你。」她說：「咱們現在六十多歲還有幾十年光陰要過，在接下來的日子裡，我只要能看到你就心滿意足了。因為我曾經一直想見到你卻不能。」他感動得淚流滿面，把她緊緊地抱在懷裡。

就這樣，生死相依，他們年輕時雖然沒有在一起，到老時卻相親相愛，讓人人見了都感動、羨慕。

有時會嘗到一種酸味

❶六十多歲，第一次做新娘，是多麼地感動！
❷有的人有的事錯過了就不再，要抓住那個值得珍惜的人；
❸耐得一份寂寞，守得一份乾坤；
❹要果斷地做出決定，是等待還是遺忘。

CHAPTER 4

青春的痕跡帶有一種溫潤的澀味

青春是用來追憶的，當你緊握手中時，它一文不值，只有將它耗盡後再回過頭看，一切才有意義，愛過我們的人和傷害過我們的人，都是我們青春存在的意義。

1 發怒是一頭魔鬼

來看一則故事：

有一位小姐，常為一些小事而生氣。她也深知這樣下去對自己不好，於是，她便求一位禪師為自己開解，以開闊心胸。

禪師聽了她說的話，一聲不響地把她領到一間空的禪房中，落鎖而去。

困於房中的小姐氣得跺腳大罵不止。罵了很長時間，禪師一點也不理會她。小姐無可奈何，開始哀求起來。禪師仍舊不理睬她。最後，小姐所做的一切都是徒勞，就沉默了下來。

禪師來到門外，問那位小姐：「妳還生氣嗎？」

小姐說：「我只是在為自己生氣，自己會到這個地方來受罪。」

禪師聽了，嚴厲地告訴她：「自己都不能原諒自己，怎麼能做到心如止水？」

又過了許久，禪師又問她：「你還生氣嗎？」

小姐說：「不生氣了！」

禪師問：「為什麼不生氣呢？」

小姐說：「氣也是徒勞。」

禪師這時說：「其實，你的氣還沒有消，只不過是壓在心裡罷了。一旦爆發，將一發不可收拾。你還不能走！」

當禪師第三次又來到關著小姐的禪房裡的時候，小姐主動對他說：「現在，我不生氣了，因為根本就不值得生氣。」

禪師笑著說：「還知道不值得，可見心中還衡量，還是有氣根。」

夕陽西下的時候，禪師立在門外，小姐便問禪師：「大師，什麼是氣呢？」禪師將手中的茶水潑在了地上。小姐觀察了好長時間，頓悟，拜謝禪師而去。

怒火是由自己燃起來的，理應由自己熄滅。只要想熄滅，想給生活增加一些快樂，就一定能熄滅，因為主動權掌握在自己的手中。

在很久以前，古人就已經意識到「大怒氣逆傷肝」。可是，現實生活中，有些人往往因為遇到一些不幸和挫折，就喜歡大發脾氣，怒髮衝冠。

一個人如果控制不住自己的情緒的話，那麼他的行為也就會失控，就會給自己和別人帶來傷害，這難道不是自己和自己過不去嗎？

至於什麼是氣？氣就是從別人嘴裡吐出來，你接到嘴裡，便會噁心反胃。當你不理會它時，它便會自消雲散了。氣其實就是用別人的錯誤來懲罰自己的愚行。「夕陽如金，皎月如銀」人生的幸福和快樂還享受不及，哪裡還有時間發怒呢？

青春的澀味

❶因為別人犯錯而生氣就是懲罰自己；
❷屈解了別人的意思而耿耿於懷的話，那就更不值了；
❸發怒只會讓你變得像魔鬼一般失去理智，不但誤會了別人，而且還惹火了自己；
❹要平常能夠靜下來，思考一下自己做事或待人方面是否有虧缺的地方，自然就會少些對別人的抱怨與指責了，便會多些安寧和快樂。

2 離苦得樂的幸福心咒

當你生氣的時候，佛陀告訴你，在遇到困難時，多念一些幸福心咒，有助於緩解你工作、生活上的壓力，讓你做一個快樂、知性的人。

下面，我們來看看常見的幸福心咒：

〈阿彌陀佛〉讓你脫離痛苦、恐懼

佛陀說，多念「南無阿彌陀佛」，在腦海中形成阿彌陀佛的佛像，靠著阿彌陀佛的願力，將你的神識遷引到淨土，而不受輪迴支配，可以讓你脫離痛苦、恐懼，特別是在人臨終之際念「南無阿彌陀佛」，有緣者可以到極樂世界。阿彌陀佛在極樂淨土創辦了生命教育學校，在沒有干擾的環境中無憂無慮的學習，當修學圓滿之後，再返回人間酬業，這時你已經有能力，不再自我迷失，可以一邊還債一邊渡化與你有緣的眾生，成就自覺覺他的菩提願行。

〈觀世音菩薩〉逢凶化吉、擺脫難關

佛陀說，當你有危難的時刻，一心一意念「南無觀世音菩薩」，有助於你逢凶化吉、擺脫難關，這是觀世音菩薩救渡苦難眾生的願心。當我們脫離了苦難，應效法觀世音菩薩大慈大悲無私的救護精神，見人有難能即時挺身相救，學習人饑己饑、人溺己溺的胸懷，這應該是我們報答觀世音菩薩的最佳方式。

〈釋迦牟尼佛〉使內心歸於平靜

佛陀說，當你意亂心煩的時候，要想集中你的注意力，這時候，望著釋迦牟尼佛像，思維佛陀教化人間的種種辛苦與功德，此刻您會慢慢地體悟到，就像佛陀示現人間一般，人一但出現生命，就必須像蠟燭般的燃燒自己照亮別人，如此才能帶給周遭生命的快樂。此刻請您要捫心自問，自己是否得失心太重，或者是凡事以自我為中心，從來就沒有站在別人的立場想。如果在反思的過程中看到自己的問題，這時候你可能會掉下感恩的眼淚，內心歸於平靜，這時候漸漸會讓你進入禪定，享受心不受干擾的快樂。

〈地藏菩薩〉超度亡魂

佛陀說，一個人如果希望如願以償，或超度亡魂，多念「南無地藏王菩薩」，有助於加持。地藏王菩薩發大願心，地獄不空誓不成佛。地藏王菩薩的願力，猶如大地般的慈愛，乘載著地球上的萬事萬物，無論我們製造多少汙穢不堪的東西，無論我們製造了多少爭端與戰爭，大地如慈母般默默的承受淨化。無論你的情況有多糟糕，慈悲偉大的地藏王菩薩永不放棄你，永遠都要幫助你，只要你一念肯向善，就有光明的大道為你開。

〈文殊菩薩〉增長智慧，明辨是非

佛陀說，一個人要想增長智慧，明辨是非，這時候一心一意地念「嗡啊惹巴扎那地」，會大有助益。文殊師利菩薩過去早已成佛，名為龍種上如來，是七尊佛菩薩的老師。文殊亦表「般若」，因此稱文殊菩薩為「智慧」的化身，是諸佛之母。智慧不是一般人所謂的聰明，也不是世俗所說的智慧，這裡所說的智慧，是指聖者透視生命真相後的一種同體大悲心之展現。在此舉一個最簡單的例子，無論是博士還是雙博士，如果沒有真實智慧，當了官照樣貪污，人生遇到過不了關卡，照常尋短自殺。有了真實智慧，無論是清道夫還是拾荒者，都能堅守崗位無私的付出，在本份中活得快樂歡喜自在。念誦文殊菩薩的智慧心咒，能獲得聖者的智慧護念，自利利他轉化自己的俗念，逐漸增長智慧。

〈度母〉遏制不好的念頭或想獲得金錢、地位、榮譽等

佛陀說，一個人要想遏制自殺、疾病、詛咒等不好的念頭，或想獲得金

錢、地位、榮譽等，這時候念「嗡達熱德達熱德熱索哈」，有助於達到效果。度母梵語譯為多羅，意為「救度」，或稱救度佛母。佛教認為多羅菩薩是阿彌陀佛、觀世音菩薩化身的女性菩薩，因此，有時佛教經論又作多羅觀自在菩薩、多羅菩薩、多羅觀音。觀自在菩薩大慈大悲，只要聽聞念誦這咒語的人，就能知道他的苦難與所求之心聲。菩薩充滿著智慧，能以最適當的方法滿足眾生所願，先以欲勾牽，後令入佛智。

〈長壽佛〉延年益壽，避免意外身亡或夭折

佛陀說，一個人要想延年益壽，並避免意外身亡或夭折，多念「嗡阿瑪啦呢則萬德耶索哈」，會有助於達到效果。長壽佛又稱無量壽佛，原意是『無量光』和『無量壽』兩種意思，具有空間和時間兩種性質，這是阿彌陀佛的梵文原義。有關人命的長短，佛陀透過禪定中的智慧觀察，看到壽命來龍去脈的真實體相：「今生壽命短的原因，是因為過去世犯了殺生的罪報。」因此，想要長壽必須不殺生，並且要時時刻護念眾生愛護動物，當動物受苦受難的時候，

要想方設法解救，讓牠脫離苦難，這就是放生延壽的妙法。

〈藥師佛〉脫離疾病與災難

佛陀說，如果一個人想脫離疾病與災難，這時候持念「南無藥師琉璃光如來」會有助於增益，且會讓人神采煥發。藥師佛又作七佛藥師。即善名稱吉祥王如來、無憂最勝吉祥如來……，藥師佛的願心，願一切有情遠離病苦，願一切有情解脫一切憂苦，願一切有情身心安樂，願一切有情心清淨……乃至菩提。學習藥師佛的精神，可以免除我們的憂苦，隨時關心周遭的有情，布施醫藥讓別人獲得健康，我們自己的內心也會受到對方康復的感染，漸漸的跟著快樂起來。藉此打開我們的心門，自然產生不可思議的療癒力量，展現生命的新希望！

〈蓮花生大士〉化解不祥，如惡兆、橫禍等

佛陀說，一個人想化解不祥，如惡兆、橫禍等，一心持念「嗡阿吽班匝格

熱班瑪色德吽」，所願會迅速成就。按佛陀在禪定中的智慧觀察，所有的災禍都事出必有因，無論是天災或人禍，都是共業（共同的業報）的果報，共業裡還有各別差異的報應。例如大地震，有人可能因為房屋倒塌，而家破人亡，也有幸運者，雖然房屋倒塌，但人身平安毫髮未傷，只受到驚嚇。專心念誦咒語，可進入三摩地，心一境性，頓時可以超越時空的束縛。

〈金剛薩埵〉洗盡以前的罪業

佛陀說，如果一個人對以前的罪產生了後悔之心，這時候持念「嗡班匝薩埵吽」，並同時想著金剛薩埵會降下甘露，便可以洗盡罪業。金剛薩埵，譯名金剛手菩薩摩訶薩。薩埵者有情之義，勇猛之義，總言勇猛之大士（大士對佛和菩薩的稱呼）。此薩埵與普賢王如來同體異名。金剛薩埵為消業滅罪之唯一主尊，行者為懺罪解冤，修本尊法，功效最快最大，且為成就無上菩提必經階段。常持本尊真言，能破除煩惱，止諸惡念，生諸功德。所謂本尊法，就是將自己的「身、口、意」修到等同佛的清淨境界，自己的起心動念，言行舉止與佛無二無別。

這只是佛陀告訴我們的幾種離苦得樂的幸福心咒，它們其實每一尊佛菩薩都有無量的功德。

在持念時，要想著尊像，要專心，憶念佛的功德，便可以增長福德。《華嚴經》中說：「若得見於佛，除滅一切苦；能入諸如來，大智之境界。若得見於佛，捨離一切障，長養無盡福，成就菩提道。」

青春的澀味

❶我們要想獲得佛陀的保佑，在念幸福心咒時要專心；
❷幸福心咒會利益眾生，會斷除私利，讓我們做一個知足常樂之人；
❸當你想克制生氣的時候，多持念幸福心咒，會有助於你轉為平和；
❹佛陀說，多念幸福心咒會與佛結緣，讓你有仁愛的道德，不會為人世間的瑣事所意亂心煩，反而更容易去面對、化解。

3 不為生氣而種蘭

來看一則故事：

悟能禪師非常喜愛蘭花，因此就在寺旁的庭院裡栽植了數百盆各色品種的蘭花。每當講經說法之餘，他總是全心地照料。大家都說，蘭花好像就是悟能禪師的生命。

一天，悟能禪師外出講經，囑咐弟子給蘭花澆水，好好照顧蘭花。但弟子一不小心，就把花架絆倒了，整架的蘭花都打翻在地。弟子心想：「師父回來，看到心愛的蘭花變成這個樣子，不知道要憤怒成什麼樣子？」於是就和其他師兄弟商量，等師父回來後，勇於認錯，並甘願接受任何處罰。

悟能禪師回來後，聽說這件事，一點也不生氣，反而心平氣和地安慰弟子說：「我之所以喜愛蘭花，為的是要用香花供佛，並且也為了美化寺院環境，並不是想生氣才種的啊！凡是世間的一切都是無常的，不要執著於心愛的事物而難割捨，那不是修行者該有的行為！」

弟子聽後，忐忑的心終於放下了。從此，他更精進于修持了。

種蘭，本是性情中事；育蘭，可使人達觀，讓人心平氣和。「尋常一樣窗前月，才有蘭草便不同」，這是一種雅致；「松性淡逾古，蘭心獨不群」，更是一種高潔。世間百花，大多是春天萌發，只有蘭花不輕不慢，四季花開，不必春雷催生，無須望斷秋水，夏季依然蓬勃，冬季走向深沉。由此觀之，那種蘭的人，必須品行端正，賢良忠誠，胸懷大度，寵辱不驚才行。大氣之人種大方之草，寬闊之心植上品之花。正所謂：「心花先放，再種蘭花」。只有如此，才能滿室生香，恒久傳遠。如果動不動就斤斤計較，為一言一行耿耿於懷，差一絲一毫暴跳如雷，那言行豈不惹得花也要為之竊笑？

人們也常說：人生不如意事十之八九，有得便有失，有苦也有樂。甘蔗沒有兩頭甜，花兒也不會永不凋謝。「不為生氣而種蘭」，可以讓人悟透一些東西，看破一些事情。養蘭之人應該有些富貴於我如浮雲的境界，應該有些五欲已消諸念息的追求，這樣才能獲得身無病，心無憂，乃人生至樂的雅趣。

我們無法預料生活中還會發生哪些事，但我們可以把握人生之舵。當困難、不幸突然降臨時，與其暗暗生氣、獨自哀傷，不如在心田栽棵快樂的蘭花，用堅韌與豁達去化解心中的煩惱。因而，我們種蘭，要的應當是縷縷暗暗襲來、淡淡散發的清氣。

同樣地，在日常生活中，我們牽掛的太多，我們太在意得失，所以我們的情緒起伏不定，我們不快樂。在生氣之際，我們如能多想想：「我不是為了生氣而工作的；我不是為了生氣而教書的；我不是為了生氣而交朋友的；我不是為了生氣而做夫妻的；我不是為了生氣而生兒育女的……」那麼，我們會為煩惱的心情開闢出另一番安詳。不為不值得的事情而生氣，反而更容易控制住自己，得到別人的贊同。

青春的澀味

❶當困難、不幸突然降臨時，與其暗暗生氣、獨自憂傷，不如在心中栽種一棵快樂的蘭花，用堅韌與豁達去化解心中的煩惱；

❷應該有些富貴於我如浮雲的境界，應該有些五欲已消諸念息的追求，這樣才能獲得身無病，心無憂，乃人生至樂的雅趣；

❸生活中有些人之所以常常感受不到快樂，就是因為他們時常心為物役，對物質追求患得患失。

❹「尋常一樣窗前月，才有蘭草便不同」，這是一種雅致；「松性淡逾古，蘭心獨不群」，更是一種高潔。

4 見不得他人好，自己反而會更糟

來看《雜譬喻經》中的一則故事：

在很多年前，有個婆羅門，他的妻子沒有生育，他的小妾卻生了一個男孩。因此，這個妻子嫉妒在心，趁旁人不注意的時候，把小妾的男嬰害死了。

當小妾得知這個晴天霹靂的消息後，悲痛欲絕，並發誓一定要報仇。

後來，小妾鬱鬱而終，七世輪回都投胎為妻子的孩子。這些孩子生得可愛、聰明，但不幸都夭折，這個妻子更是哭得哭天搶地。

偶遇一個僧人，告訴了這個妻子前因後果，妻子才決定向僧人求戒。僧人讓她第二天到寺院裡去受戒。

於是，第二天，這位妻子便去寺院，在去寺院的路上，就遇到了那個小妾化為的毒蛇。妻子正在害怕時，僧人跑過來呵斥了毒蛇。

兩個人都明白前因後果後，便開始懺悔。

可見，嫉妒這種無形的東西，一旦任其發揮，就會帶來不可估量的後果。就像英國劇作家、詩人莎士比亞的名著《奧賽羅》，其中的主人公奧賽羅由於懷疑妻子不忠，便起了嫉妒心，不光殺害了妻子，最後也同歸於盡。

佛陀說，嫉妒就像地獄裡的魔鬼，會讓我們產生不好的念頭，走上末路。而要想克制這個消極的心態，就應該隨緣，當看到別人快樂時，應該心中隨喜。這樣，才能不被魔鬼所戕害，才能克制自己的脾氣，做一個理性的人。

這便是佛陀讓我們不生氣的策略，使嫉妒心轉化為隨喜心便顯得很重要了。

一切要隨遇而安，就不會總會眼紅別人的成就，就能更好地現實，規勸自己的行為。

佛陀便建議，**克制自己的嫉妒心，並真心隨喜，也能夠快樂起來。**

青春的澀味

❶嫉妒就像惡魔，會吞噬我們的靈魂，一旦我們因嫉妒心做出了傻事，就難以挽回，只有懺悔了；

❷佛陀說，當別人高興時，應該隨喜，替他感到快樂，而如果不能隨喜，也要懂得克制，避免惡願釀成禍害；

❸每個人都會有嫉妒之心，通過努力不斷地完善自己，就會減少這種心理的不平衡；

❹嫉妒是一種不好的狀態，會讓我們失去正常的競爭。佛陀便建議我們，心往好處看，超越自己，才是最大的勝利。

5 今日的苦果乃昨日種的因

請看一則故事：

有一個人到國外旅遊，看到有一匹五光十色的馬在拉遊客，它生得健壯，卻在此整天拉遊客。到底是它前世種了什麼因，才會欠下那麼多人的債？

這位遊客便去請教了一位德高望重的禪師，禪師說：「這匹馬在前世是一個奴隸主，他殘酷地壓迫他的奴隸。最後轉世淪為旁生，它罪孽深重啊，所以要如此為他人做牛做馬！」

可見，因果輪迴會讓人覺得生畏，但也能讓你更好地控制自己的行為。

在泰國也有類似的一則故事：

有一位女人養了一隻母雞，等這只母雞千辛萬苦地孵出小雞後，這位女人卻把小雞全吃掉了。母雞因此懷恨在心。

後來，母雞轉世為貓，那個女人則投生成一隻母雞。這只貓總會將母雞下的蛋吃掉，這個母雞也發了惡願：「來世，我也要吃掉這只惡貓的孩子！」

它們死後，貓投生為母鹿，母雞投生為獵豹。獵豹總會吃掉小鹿。

這樣因果迴圈的悲劇在不斷地上演著。

後來，到了釋迦摩尼時期，母鹿成了一個羅剎，豹子成了一個女人，羅剎總是去吃女人的孩子，女人驚慌萬恐地跑到佛陀面前去尋求援救。

佛陀瞭解了她們前世的因果，便說今生的惡緣是前世種下的孽，並讓她們了結宿怨。

最終，羅剎和女人握手言和，擺脫了冤冤相報輪回的悲劇。

人便要很好地控制好自己的今生了，佛認為，善念的人有好結果，惡的人便會有不好的回報。

如果相信這種「今日苦乃昨日種」的因果迴圈，我們就能在面對很多不如意時，更好地讓心歸於平常了。

青春的澀味

❶佛說：「每個人如今所遭遇的一切，都有它特定的因緣，絕不是無緣無故的。如果我們相信佛陀的這一說法，便不會整天在憤世嫉俗中度過。」；

❷好人還會有好結果的，當別人得罪了我們，要去容忍，要相信「好人好報」，才不會因此生氣；

❸記得有一個故事，說是有一個女人和一個男子熱戀快要結婚了，男子卻娶了其他的女子。這個女人傷心極了，在彌留之際來到佛陀面前，佛陀告訴她，那個男子前世死後一絲不掛地被暴曬在沙灘上，她走過去，給那位男子蓋了衣服，所以，那位男子今生和她相戀，而他今生娶的那位女子，是前世把他埋葬起來的那個人。我們如果相信這種因果，會少掉很多不如意。

❹即便現在過得很悲慘，如果有一顆善良、向上的心，還是會將來或來世過好的，如果認同佛陀的這一說法，便會活在當下、珍惜目前。

6 有信仰的人大多有修養

佛陀認為，很多人之所以無法無天，想做什麼就做什麼，是因為他們沒有信仰，不知道做這些事情帶來的苦果。

無論你是信仰什麼，是宗教還是政治，一個具有信仰的人，是很可靠的人，起碼不會總是做出一些讓人匪夷所思的事情。

信仰便顯得那麼可敬又那麼可畏，會讓我們的人格魅力更上一層。

你就可以看到，世界上那些有修養的人，大多都是有信仰的人。信仰會讓他們約束自己的行為，在事情出現問題時，更好地面對。像世界上一些知名的人物，如莎士比亞、泰戈爾、愛迪生、林肯等，他們都是有很深宗教信仰的人。

佛陀說，現代的很多人什麼都不缺，但唯一缺的卻是信仰。他們想幹什麼就幹什麼，但不在意前因後果，勢必最後會自討苦吃。

「信仰自由」，有自由的信仰便會讓我們變得更生機、有活力。

佛陀也認為，一個人應該有所拘束。當你受到不公平的待遇時，信仰會讓你更容易看得開。當你預感有意想不到的事情發生的時候，祈禱會有助於你馬到功成。**有信仰的人會內心淡然，會讓人覺得可靠、可近！**

青春的澀味

❶很多人讓人敬而遠之，是因為他們什麼事都能做出來，和他們在一起會擔心，這種人便缺少信仰；

❷佛陀認為，有信仰會讓我們對不幸有新的領悟，會化解一些看起來無法解決的難題；

❸若想成佛，先學做人；

❹不要成為讓人躲之唯恐不及的瘟神，那些地獄裡的撒旦，之所以行為讓人不齒，是因為沒有信仰；那些大慈大悲的菩薩，普度眾生，是因為有信仰，才讓人尊重、敬佩。

7 忍而無忍，是一種高深的修為

來看一則故事：

在清朝康熙年間，宰相張英是一個有高深修為的人。一天，張英接到遠在安徽桐城的一封家書，信上寫著：「鄰居修繕老屋，佔用了張英家的地皮。」為此，張母修書要張英出面干預。張英看罷來信，立即提筆寫詩勸導老夫人：「千里家書只為牆，再讓三尺又何妨？萬里長城今猶在，不見當年秦始皇。」

張母見詩明理，立即將好端端的院牆拆除並退後三尺。鄰居見此情景，深感慚愧，也馬上把牆拆除並退後三尺。

這樣，在兩家的院牆之間，就形成了六尺寬的巷道，從此便有了千古流傳的「六尺巷」。

爭一爭，行不通；讓一讓，六尺巷。

當遇見針鋒相對解決不了的問題時，忍讓反而使之得以化解，這也是佛家所堅持的智慧。「忍」是一種深厚的涵養，是一種高尚的姿態，又是一種很好處理不幸的方式。當受到別人的頂撞，親人的錯怪，同事的誤解，訛傳導致的輕信，流言製造的是非……此時生氣無助霧散雲消，惱怒不會春風化雨，而一時的忍讓則不僅可以化衝突為詳和，化干戈為玉帛，也可以使自己的人格和品性散發出幽雅的香氣，從而吸引到公眾的讚美和擁戴。

中國也有句古話：「人在屋簷下，豈能不低頭？」這句話如果我們從其有益的一面理解，正好說明了「忍」在客觀現實於我們不利時的積極作用。這時的「忍」不是怯懦，而是胸襟大度的表現；這時的妥協也不是失敗，而是成功的累積。從這個角度來講，頑強執著是一種人生智慧，而忍讓妥協則是另外一種智慧。

忍，讓你在困境中變得更強大，磨練你的意志，讓你擁有更好的姿態重新站起來。

青春的澀味

❶古往今來，凡能成大事者，無不是能忍常人之不能忍，能吃常人不能吃之苦的堅忍之士；

❷脆弱的人在事業上一經失敗，便會一敗塗地、一蹶不振，但那些堅忍的人是不會一蹶不振的。相反，他們還會以更大的決心、更多的勇氣站起來前進，直至得到最後的勝利為止；

❸「忍」是一種深厚的涵養，是一種高尚的姿態，又是為人處事必不可少的一種方式；

❹忍耐雖然痛苦，果實卻最香甜，所以，當我們身處逆境的時候，需要堅忍，才能磨煉意志；當我們遭遇失敗時，需要堅忍，才能積蓄能量；當我們山窮水盡的時候，更需要堅忍，才能守得雲開見月明。

8 會克制，便有更多的快樂

來看一則故事：

有一個十分任性和性格暴躁的孩子，他說話粗俗，常常因為粗魯的語言而遭人厭惡。很快的，他的身邊沒有了朋友，他為此也苦惱。這時，他的父親告訴他：「當你自己發脾氣、將要克制不住自己時，就在門前的那棵樹上釘一枚釘子。」

那個小男孩照著父親的話，認真地去做了，而且他還時常叮囑自己，遇到相同的事情不要犯同樣的過錯。漸漸地，他學會了控制自己的不好情緒。開始的時候，釘子釘很多，後來，釘子越釘越少了，因為他已經學會克制了自己。

有一天，他興奮地問父親：「我已經有好長時間不釘釘子了，知道了自己如何克制自己。對於那些不講道理的人也有辦法應對了，和別人的關係越來越融洽。」

父親說：「你學會了以平和的心態去對待別人，這正是我想要得到的結果。以後，每當你解決了和別人的矛盾時，不再無故地傷害別人時，每成功一次，就從樹上拔掉一枚釘子。」

每當小男孩想要發洩自己壞脾氣的時候，就想想父親說的話，努力克制著自己，調整好心態後，就從樹上拔掉一顆釘子。漸漸地，樹上的釘子慢慢地被拔光了。

這次，他又高高興興地向父親彙報。父親很平靜地帶他來到了樹旁，指著那些密密麻麻的釘子眼說：「孩子，每當你脾氣暴躁傷害了別人以後，留在人們心上的傷疤就像這些釘子眼，是很難消除的。傷害一個人很容易，想恢復過去的情感卻是相當困難的。」他羞愧地低下了頭，對自己以往的過失懊悔不已，密密麻麻的釘子眼就像釘在自己心上一樣讓他痛苦不堪。

會克制自己是一件非常不容易做到的事情，我們每天幾乎都是在理性和感性較量的生活中度過。不能克制自己的人，會容易遭受不幸和打擊，成為被別人利用的對象，反之，會行得正和走得端。

當我們遭受到別人的譏諷和不公平地對待時，就要克制住自己了。俗話說：「壺小易熱，量小易怒。」也就是說，動不動就發脾氣、動肝火是胸襟狹窄、氣量太小的表現，會損害身心的健康，甚至會遭受更大的損失。

青春的澀味

❶ 如果一遇到事情就很容易歇斯底里而不能平靜下來，那麼，對你的身體或者精神絕不會有好處；

❷ 有的人向來脾氣火爆，做事情常是不考慮後果。這樣的人會讓其身邊的人們擔憂不已，生怕哪一天就給他們捅破了天，猶如一顆「不定時炸彈」。對這類型的人來說，不管是誰，只要是拿「火」一點，准能及時爆炸開來。這樣的人更容易被一些別有用心的人所鼓惑、利用；

❸ 我們應當管理自己的憤怒，不被生氣主宰，做一個讓人親近的人；

❹ 每個人的生活都不會一帆風順，要想人生的航程順利一點，就要加強克制和忍耐的修養。

9 動怒時，向天空仰望三分鐘

來看一則故事：

美國鈔票公司的總經理伍德赫爾想出了一種很好的辦法來發洩他的怒氣。

在他還很年輕的時候，他在一家公司任職，那是一個地位很低的職位。對此，他很不滿意，因為別人並不怎麼重視他，自己升遷的機會也不多。其實有許多青年都有這種感覺，但是，如果他們將這種不滿表現得太明顯，就會引起上司的不高興。伍德赫爾是怎麼辦的呢？他說：「有一段時期，我的這種感覺非常強烈，並且漸漸地擴張，以至於我覺得非離開這個鬼地方不可。在我寫辭職信之前，我拿了一枝筆和一瓶紅墨水——因為黑墨水不足以發洩我內心猛烈燃燒的憤怒。坐下來，把我對於公司中每個人的批評都寫在一張單子上。我寫得很不錯，用詞考究而優美。然後，我把這些東西收了起來，把我的憤怒講給一個老朋友聽。」

這位老朋友讓伍德赫爾另外拿了一瓶黑墨水來，讓他把這些人的才能寫出來，並把他自己所能做的事也寫出來，以及他如何計畫在十年中改變自己的地位等。然後，再讓他把這兩種顏色的單子互相比較一下。於是，他的一切憤怒便馬上消失了。這使他能冷靜地看待事實了，最終決定還是留在這裡。

「以後凡是我忍不住的時候。我便坐下把我所要說的而不敢直說的話都寫下來。這實在是一種很好、很安全的方法。我寫完之後，整個人就清爽多了。我把寫的這些東西藏起來，不讓別人看見。慢慢地，大家都知道我有一種很強的自制力。我勸告那些要管理別人的人，無論年輕的還是年長的，都應該學著寫寫這種紅墨水單子，來約束自己。」伍德赫爾說。

我們每個人都需要有自制的能力，當不高興的時候，把不滿寫出來，然後就會冷靜了。當動怒的時候，向天空仰望三分鐘，那麼，在三分鐘之後，你就會鎮靜下來，不為此事生氣了。

一個人要成大事，首先要學會控制自己的憤怒。控制了你的憤怒，就等於降低了很多不幸事情的發生。人生的很多不幸，都是因為一時的衝動和動怒而發生。

人在不高興時，不能任由自己的憤怒發洩出去，要學會控制自己的憤怒。因為一個無法控制自己情緒的人，一定也無法控制自己的人生。你的情緒若不正常，會直接影響到你的心態，影響到你的工作效率，影響你的上司、同事或下屬。試想，一個老闆，一大早走進公司就陰沉著臉，下屬看見了會做何感想？他會想老闆不是跟太太吵架了，就是公司發生了一些問題。

能控制自己憤怒的人才能避免一些不必要的麻煩，不能夠控制自己憤怒的人其實就是自己為難自己，成功會因此離他越來越遠。

青春的澀味

❶ 控制情緒似乎是一件很難做到的事，其實只要你在日常生活中培養注意自己情緒的能力，那麼到了關鍵時刻就能做到「每臨大事有靜氣」；

❷ 當你遇到事情時，面對人際矛盾時，要學會克制，學會忍耐，不要像炸彈一樣，一觸即爆；

❸ 如果你想和對方一樣發怒，你就應該先想想如果爆發會有什麼後果，那麼你就應該約束自己、克制自己，無論這種自制是如何的吃力；

❹ 無論一個人有多麼過人的天賦，如果他不自律，就絕不可能把自己的潛能發揮到極致。

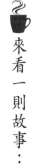

10 心懷感恩，擁有淨化心靈的聖水

來看一則故事：

有一天，師傅和徒弟開車到鄉下去送貨。鄉下的路崎嶇坎坷，有沙子和石頭，車一路上走得很慢。回來的時候，「砰」的一聲！車後輪有一顆爆胎了，車上有一個備用輪胎，可是他們忘了帶千斤頂。

在不遠處的路邊有兩間房子。師傅指著前面的房子對徒弟說：「去，你去把千斤頂借來。」徒弟愣了一下，問師傅：「你怎麼知道那兒有千斤頂？」師傅說：「你要想著那兒有。」徒弟說：「那要是沒有呢？」師傅說：「沒有你也要想著那兒有。」徒弟說：「要是那兒有，但是他不借呢？」師傅說：「你要想著他會借。」徒弟說：「要是他有，他不但不借，他甚至連門也不開呢？」師傅說：「你要想著他會開門。」

師傅給徒弟說了很多話，徒弟將信將疑地去了。徒弟走到那兩間房子前，敲門，門開了，開門的是一位中年男人。徒弟說：「又有事需要您幫忙了！」中年人看了看這個陌生的年輕人，說：「我不認識你啊，我肯定沒幫過你，你怎麼說又有事需要我幫忙呢？」徒弟說：「您家在路邊，儘管您沒幫過我，但您一定幫過不少其他人。所以，我來了，對您來說，是不是又有事需要您幫忙了？」

徒弟的話，有不少感激之意。對於這樣的一個陌生人，中年人覺得自己沒有不幫忙的理由。只是中年人並沒有空，他正準備去辦一件自己的事情，可是他聽了徒弟的話，便先放下自己要辦的事，對徒弟說：「說吧，你有什麼事情需要我幫忙呢？」徒弟這才說：「我的車子有一顆輪胎爆了，我想，會有人向您借過千斤頂換輪胎，我也想借用一下。」

說實在的，中年人，他是沒有千斤頂的，可他聽了剛才的話，就說：「好吧，我知道哪裡有，我帶你去。」中年人便騎上摩托車載著徒弟騎了好遠的路，到他的一個熟人那裡借來了千斤頂。徒弟對這個中年人萬分地感激。

徒弟借來了千斤頂，他高興地對師傅說：「師傅，一切都像你說的那樣，你是怎樣想到的呢？你怎麼會這麼神奇啊？」師傅說：「很簡單，不管他有還是沒有，也不管我們能不能向他借到，但他是我們的希望，而對於希望，我們首先不是索要，而是要心存感激，感激他給我們帶來希望。而承受了感激的人，是會給你帶來希望的。」徒弟恍然大悟，並牢牢地記住了。

可見，在尋求陌生人的幫忙時，要誠懇，即便不知道是否會給予你幫助，都要存有感恩之心。佛陀便說：「對於那些不幫助你的人，也不要嫉恨、對他倒打一耙。感恩，會讓你的心靈像被聖水淨化了一般，無論何時，都能坦然處之並接受。」

要懂得感恩，感謝傷害過你的人，因為他磨練了你的心志；感謝欺騙你的人，因為他增長了你的見識；感謝鞭打你的人，因為他消除了你的恐懼；感謝遺棄你的人，因為教會了你自強自立；感謝絆倒你的人，因為他強化了你的能力；感謝斥責你的人，因為他助長了你的智慧……

而在現實生活中，感謝那些給予我們關心、幫助與掌聲的人，是容易做到的，只是去感謝傷害、欺騙我們的人，卻難以做到。但是實際上，打擊與傷害我們的人，與關心和幫助我們的人一樣應該受到我們的感謝。前者就像嚴冬，考驗我們的意志，消除我們的驕氣，扭轉我們膨脹的惡習，讓我們能更深刻地思考自己的行為。

要記得成功讓我們歡喜，苦難也同樣讓我們感到慰藉，因為它擦亮了我們的眼睛，讓我們變得更加剛強堅毅。就如同我們應該感謝失敗一樣，我們也應該感恩傷害過我們的人，因為他們像是一面照亮自己的鏡子一樣，照亮了我們人生前進的道路。

青春的澀味

❶ 感恩是有效控制生氣的一種策略；

❷ 心懷感恩的人是有佛家容忍的智慧的，會活得更為實在；

❸ 任何事物都具有兩面性，快樂是一種幸運，不幸也是一種幸運，有了不幸才能讓我們更加懂得快樂的內涵，才會更加珍惜所擁有的快樂時光；

❹ 感謝傷害和帶給我們不幸的人，需要胸懷和氣度，需要有辯證的眼光。

11 不因小事而生氣，生活才能大自在

來看一則故事：

春秋時，楚莊王有一次和群臣宴飲，當時是晚上，大殿裡點著燈，正當大家酒喝得酣暢之機，突然燈燭滅了。這時，楚莊王身邊的美姬「啊」地叫了一聲，楚莊王問：「怎麼回事啊？」美姬對楚莊王說：「大王，剛才有人非禮我。那人趁著燭滅拉我的衣襟。我扯斷了他的帽子上的繫纓，現在還拿著，趕快點燈，抓住這個斷纓的人。」

楚莊王聽了，並沒有因為這件事情而大發脾氣，而是說：「是我賞賜大家喝酒，酒喝多了，有人難免會做些出格的事，沒啥大不了的。」於是，他命令左右的人說：「今天大家和我一起喝酒，如果不扯斷繫纓，說明他沒有盡

興。」群臣一百多人馬上扯斷了繫纓而快樂的飲酒高歌，盡興而散。

過了三年，楚國與晉國打仗，楚國陷入了一場災難。由於兵力懸殊，楚國很有可能被滅亡，而楚莊王自然成為了亡國之君。面對這樣的問題，任何君王都是不能接受的。

可是，就是這時，殺出一位異常奮勇的將軍，英勇無敵。戰鬥勝利後，楚莊王感到好奇，忍不住問他：「我平時對你並沒有特別的恩惠，你打仗時為何這樣賣力呢？」

他回答說：「我就是那天夜裡被扯斷繫纓的人，大王您是一位明君，並沒有因為這件事情而生氣，所以我願意為了您而去拼命。」

楚莊王哈哈大笑說：「沒想到我的一次不生氣，居然救了我一條命啊！」

人與人之間為小事的爭吵、詐欺、迫害，都是浪費精力又無意義的事情。

佛陀說：「不因小事而生氣，生活才能大自在。」

在生活中，十事九不周，不順心的事情太多，幾乎每天都可能遭受一些小挫折，甚至影響到一天的心情。長期下去，輕易擊垮你的並不是那些看似滅頂之災的困境，往往是那些微不足道的小事。當遇到那些小事時，別去理它，去幹你應該幹的事。而喜歡生氣、為小事抓狂的人，總是讓別人有機可乘。

生氣當然不會是件好事，至少對健康就是不利的因素，若能訓練自己，在生活中減少對外在環境的過度反應，也許，有助於內心的平和。來看清朝光緒年間東閣大學士閻敬銘寫的《不氣歌》：

他人氣我我不氣，我本無心他來氣。
倘若生氣中他計，氣下病來無人替。
請來醫生將病治，反説氣病治非易。
氣之為害太可懼，誠恐因氣把命廢。
我今嘗過氣中味，不氣不氣真不氣。

這首詩，以幽默、詼諧的語言，奉勸人們遇到別人的傷害、打擊或不公平、不如意的事情的時候，儘量想開一點，以免氣大傷身。

想想確實有其道理。「人生一世，草木一春」，短短的幾十年人生，何不讓自己活得快活一點，瀟灑一點，何必整天為一些雞毛蒜皮的小事生氣呢？

青春的澀味

❶人們喜歡為了一些雞毛蒜皮不重要的事物，爭執不休，到最後只是浪費有限的生命，而一無是處；

❷為小事生氣，即不值得，還損害了我們的健康；

❸一個不會生氣的人是庸人，一個只會生氣的人是蠢人，一個能夠控制自己情緒，儘量不為小事生氣的人是聰明人；

❹「人生一世，草木一春」，何不活得自在一些，何必為一些芝麻粒的小事而生氣呢？

CHAPTER 5

幸福是回甘的餘韻

幸福的淚由勤奮的汗水釀成；失望的淚只有用奮鬥才能抹去。

1 誰都可以擁有優雅的人生

來看一則故事：

有一位小女孩，是一個孤兒，被一對教師夫婦所收養。小女孩常常問教師夫婦：「為什麼我一生下來就是沒爹沒媽的孩子，活著究竟有什麼意義？」

夫婦對小女孩的問題總是笑而不答。

一天，夫婦交給小女孩一個瓷器，讓她拿到市場上去賣，但不是「真賣」！無論別人出多高的價錢也不賣。在市場上小女孩驚訝地發現，不少人對她的瓷器感興趣，出的價格也是水漲船高。過了幾天，瓷器的價錢還在不斷地上漲。

最後，當瓷器被拿到瓷器市場上時，瓷器的身價又漲了三倍，更由於小女孩怎麼都不賣，後來竟被傳揚為「稀世珍寶」。

後來，這對夫婦是這樣對小女孩說：「生命的價值就像這個瓷器一樣，雖然剛開始的時候，的確處在了一個不好的環境中，只能當作花瓶，但是它在不同的環境下就會有不同的價格。一個不起眼的瓷器，最後竟被傳為稀世珍寶。你不就像這個瓷器一樣？只要自己看重自己，珍惜自己，生命就有價值，人生就擁有非凡的意義。誰沒有經歷過不幸的事情，誰的人生都可以不幸，不管你出生是多麼不幸，只要你相信幸福，照樣可以擁有自己的幸福人生。」

我們並不是最優秀的，但可以保持一份優雅。世界上沒有兩片相同的葉子，同樣，也不存在另一個你。不管在生活中有著什麼樣的境遇，遭遇什麼樣的不幸，你都是獨一無二存在，這世上沒有任何人會跟你一模一樣。

優雅的人生，就是要捕捉生命中的點點滴滴，無論是平凡的還是不平凡的，都要在細細咀嚼人生酸甜苦辣後，綻放出耀眼的光芒。

信心是種神奇的東西，憑藉著信心，會誕生許多奇跡，而且在它的指引下，還會有更多奇跡能夠被創造出來。這是一種深遠、本能的精神力量，顧名思義，你要徹徹底底地相信——相信自己，相信潛能，相信自己背後無限的力量。相信了這些就打開了夢想的閥門，就打開了希望的天空，於是一切就有了新的可能，就會有新的超越。

每個人都有自己的活法。擁有優雅的人生，並不是讓自己去做那些做不到的事情，而是在生命中實現自我，學會在平凡和不平凡之間，活出真正的自己。把握自己的生命，高懸某種理想或信念，集中自己的全部精力，沿著一個明確的目標努力。有許多人庸庸碌碌，悄然逝去，這是因為他們自甘於平庸，認為災難是上天註定給自己的安排，自己的不幸的命運也是天註定的，卻從沒想到人生是可以創造的，可以保持自己的那份優雅。人生存在世上，沒有什麼是天定的，好好地利用自己作為人的優勢，朝著自己的計畫和目標奮進，就會擁有戰勝一切不幸的勇氣。

幸福的滋味

❶ 優雅，會讓你活出獨一無二的自我；

❷ 擁有優雅的人生，並不是讓我們去做那些做不到的事情，而是在生命中找到自我、實現自我；

❸ 只要放對環境，你就是最為出色的，所以你要找到適合你的環境；

❹ 最優雅的人生，就是能夠在生活中自由自在地揮灑、勇於選擇和不畏懼人生的磨難。

2 夢想，是熱情的發動機

來看一則故事：

有三個人在砌一堵牆。

有人過來問：「你們在幹什麼？」

第一個人沒好氣地說：「沒看見嗎？砌牆！」

第二個人抬頭笑了笑，說：「我們在蓋一幢高樓！」

第三個人邊幹邊哼著歌曲，他的笑容很燦爛：「我們正在建設一座城市！」

十年後，第一個人在另一個工地上砌牆；第二個人坐在辦公室裡畫圖紙，他成了工程師；第三個人呢，是前兩個人的老闆。

三個人對相同問題的不同回答，展現了他們不同的境界。十年後還在砌牆的那位胸無大志，當上工程師的那位願望比較現實，成為老闆的那位卻志向遠大。最終，他們的「夢想」決定了他們的命運：「想得最遠的走得也最遠，沒有想法的只能在原地踏步。」

夢想多大，成功就有多大。

生活中，我們常常會聽到這樣的抱怨：「為什麼別人總是那麼幸運，而我總是那麼倒楣？為什麼別人總是比我強，做得比我好，而我總在不斷地遭受折磨？」其實，很簡單，就是別人有夢想，而你沒有。

夢想，說白了是人們特有的一種慾望，反映了人們對美好未來的嚮往和追求。那是一種人生的奮鬥目標，是擺脫一切人生困境的源泉，是人生的精神支柱。「夢想」往往和目前的行為沒有太多關連，但與現實生活卻是緊密相連的。現實生活中的某些現象如果符合個人的需要，與個人的世界觀相一致，這些現實的因素就會以個人的理想和形式表現出來。理想總是對現實生活的重新加工，捨棄其中的某些成分，又對某些因素給予強調，你的理想完全可以變為現實。

人們也因為有了夢想而變得有動力，因為追求自己的「夢想」生活多彩多姿。

夢想就像一台安裝在體內的發動機，源源不斷地給你輸送能量，推動你走出人生的沼澤、不幸的泥坑。

那麼，**如果一個人想獲得成功，他必須具備夢想**。夢想便是成功的動力，當懈怠、懶惰的時候，夢想就會猶如清晨的鬧鐘，將你從夢魘中叫醒；當疲憊、步履沉重的時候，夢想就會猶如沙漠中的綠洲，讓你看見希望；當遭遇挫折、心情沮喪的時候，夢想就猶如破曉的朝日，驅散滿天的陰霾。

在夢想的驅策下，人們能不斷地激勵自己，獲得精神上的力量，煥發出超強的鬥志。能夠執著夢想的人，不會輕易被打敗。

幸福的滋味

❶看清自己，給自己定位，設定目標，規劃理想，你將一步一步地走向成功；

❷世上有一種財富是我們與生俱來的，這種財富就是「夢想」。做一個有「夢想」的人或許不一定會快樂，但是做一個沒有「夢想」的人一定會很乏味；

❸因為有夢想，所以你會更發憤圖強，創造的價值也更為可觀；

❹夢想會讓你不斷地獲得生命的動力與活力，更好地前進。

3 不活在別人眼裡，而活在自己心中

來看一則故事：

在一個春寒料峭的下午，一家外企的門前，通往公司大門的高臺階下，停放著一輛豪華的轎車。一位長得挺帥的中國小夥子恭敬地側身一旁，一隻手拉開車門，另一隻手護在車門楣上，恭恭敬敬地立著。一位身形高大的外國人在鑽到車門楣下時，猛地起身用腦瓜往上一頂，那個小夥子的手背上立即流出鮮血……

這顯然是蓄意的，但是那個小夥子卻誠惶誠恐地問：「總經理，您沒事吧？」

「我沒事，你呢？」

「您沒事就好！您沒事就好！」那個小夥子如釋重負，十分優雅地將受傷的那只手背到身後，用另一隻手再次護在車門楣上，依舊溫文爾雅地微笑著說：「請！」

「等一下！」

就在總經理坐進車內正想離開時，一位小姐從公司的玻璃門後沖了出來。她的一隻高跟鞋在沖下臺階時甩掉了，於是她極快地踢掉另一隻，三步並作兩步沖到車前，一下子拽開車門，以不容商議的口氣說：「總經理先生，請您下車！」

這位身材窈窕的小姐，光著腳站在車門前，靜靜地站著，僵持了幾秒鐘後，那位外國人只有順從地鑽出了汽車。

這時，小姐轉過身來，一把抓住那個小伙子的手，從衣兜裡抽出一條手絹，迅速地包紮著……鮮血浸透了手絹，小姐又掏出另一條手絹，精心地、一層一層地包裹上去。

因為工作的關係，她穿得十分單薄。上身一件絲質襯衫，下身一件黑色及膝短裙和長筒絲襪。

小伙子羞愧地垂下頭。

小姐又轉過身面對那位高大的總經理，義正詞嚴地說：「您有責任送他到醫院醫治！」

「好的，好的。」外籍總經理只得連聲說道。

總經理的專車便在拋下總經理後載著傷者飛馳而去。

我們順從別人是好事，但在必要的時候要有自己的意見。俗話說得好：「什麼樣的鞋最舒適，只有自己的腳知道。」其實，人生也是如此。在這個世界上，只有自己才是最瞭解自己的人，自己才是知道自己最想要的是什麼，自己才是知道自己該成為什麼樣的人。然而，生活中很多時候，我們會常常被別人支配，「你應當……」、「你不應該……」。尤其是你最親密的朋友、親人，或是你的上司和領導，你很難拒絕，很難開口說「不」字。

因此，便不要忘了，我們有權利決定生活中該做些什麼事，不應由別人來代替作決定，更不能讓別人來左右我們的意志，讓自己成為傀儡。

記住，我們不是活在別人的眼裡，而是要活在自己的心中，要活出自己的那份優雅！

幸福的滋味

❶ 要尊重上司或領導的意見，但唯唯諾諾、言聽計從，到後來只會成為別人的棋子了；

❷ 人要有判斷和主見，才不會隨波逐流；

❸ 當不想做的時候，可以說出「不」，會因為這份優雅，讓你淡定、從容地活著；

❹ 我們不是要活在別人的眼裡，而是要活在自己的世界裡。

4 坐在第一排，成為生命的王者

來看一則故事：

二零世紀三零年代，在英國一個不出名的小鎮裡，有一個叫瑪格麗特的姑娘，自小就受到嚴格的家庭教育。

父親經常向她灌輸這樣的觀念：「無論做什麼事情都要力爭一流，永遠坐在別人前頭，而不能落後於人。」

「即使坐汽車，你也要永遠坐在前排。」父親從來不允許她說「我不能」或「太難了」之類的話。

對於年幼的孩子來說，父親的要求可能太高了。但他的教育在以後的日子裡被證明是非常寶貴的。

正是因為從小就受到父親的「殘酷」教育，才培養了瑪格麗特積極向上的決心和優雅。

在以後的學習、生活和工作中，她時時牢記父親的教導，總是抱著一往無前的精神和必勝的信念，盡自己最大的努力克服一切困難，做好每一件事情，事事必爭一流，以自己的行動實踐著「永遠坐在前排」的誓言。

還在上大學時，學校要求學五年的拉丁文課程。瑪格麗特憑著頑強的毅力和拼搏的精神，在一年內全部學完了。令人難以置信的是，她的考試成績竟然名列前茅。瑪格麗特不光在學業上出類拔萃，她的體育、音樂、演講也是學生中的佼佼者。她當年的校長這樣評價說：「瑪格麗特無疑是我們建校以來最優秀的學生，她總是雄心勃勃，每件事情都做得很出色。」

正是因為如此，四十多年以後，英國乃至整個歐洲政壇上才出現了一顆璀璨耀眼的明星，她就是連續四年當選英國保守黨領袖，並於一九七九年成為英國第一位女首相，雄踞政壇長達十一年之久，被政界譽為「鐵娘子」的瑪格麗特．希爾達．柴契爾夫人。

她使英國在經濟、文化和政治生活上都發生了巨大的變化。直到今天，柴契爾夫人對英國的影響力仍然存在，不只是在英國國內，就是在整個國際社會，她都被視為是一位強有力的領導人，她在很大程度上使得外界改變了他們對婦女的印象。

我們有必要爭當第一，只要有這種決心，某一天就會美夢成真，就會走在人們的前列。

如果你是在大森林裡，那麼你是希望做一頭獅子還是做一隻兔子？如果你是在大草原裡，那麼你是希望做一頭獵豹還是做一頭奔跑的羚羊？毫無疑問，聰明的人都會選擇做王者，都會選擇食物鏈的最上層。因為當你坐在人生的「第一排」，那就意味著很多的災禍不會降臨到你的頭上，你只有很少的敵人，擁有很多的機會。

然而在生活中，你敢不敢說「我要坐在第一排」？回答這個問題並不困難。如果你是個渴望走出困境的人，並且意識到以夢想為中心是成功基礎的人，請回答：「當然，我就是要坐第一排。」如果想保持一點謙虛的紳士風度，你也可以回答：「不是要坐第一排。」但要不失時機地補上一句：「是並列為第一排」。

為什麼一定要是第一排呢？因為你本來就是第一排。至少，記住！生活需要夢想，要有敢於做第一的夢想！

你便可以得知，無數人尊敬的成功者，都曾宣稱自己是第一流人物。是不是第一流無須深究，關鍵是他們的確獲得了成功。而當今社會競爭激烈，想坐在頭一排的人不少，真正能坐在前排的人卻總不會很多。

那些不能坐在前排的人，往往把「坐在前排」作為一種人生理想，而沒有真正付諸於行動，所以他們並沒有解決人生的課題。那些最終坐到「前排」的人，之所以能夠活得風聲水起，是因為他們不但有理想，更重要的是，他們把這種人生欲望變成了行動。

幸福的滋味

❶ 坐在第一排，會讓我們在競爭中保持優雅，以王者的姿態迎接接下來的人生；
❷ 坐在第一排並不是讓我們凡事都力爭，對於一些無關緊要的，大可以放棄；
❸ 擁有「永遠坐第一排」的積極態度，會讓你對生命有更多的主宰權；
❹ 立志做第一，會讓你王者居上，最大限度地發揮你的潛能。

5 優雅，幫你掃除心靈的塵埃

來看一則故事：

有一位叫清一的大師與一位叫無塵的弟子在庭院中散步，突然刮起了一陣大風，從樹上落下了好多樹葉。

清一大師就彎下腰，將樹葉一片片地撿了起來，放在口袋裡。

站在一旁的弟子無塵忍不住勸說：「師父！您老不要撿了，反正明天一大早，我們都會把它打掃乾淨的。您沒必要這麼辛苦的！」

清一大師不以為然地說：「話不是你這樣講的，難道掃地就一定能掃乾淨嗎？而我多撿一片，就會使地上多一分乾淨啊！而且我也不覺得辛苦呀！」

弟子無塵又說道：「師父，落葉這麼多，您在前面撿，它後面又會落下來，那您要什麼時候才能撿得完呢？」

清一大師一邊撿一邊說：「樹葉不光是落在地面上，它也落在我們的心底上，我是在撿我心底上的落葉，這終有撿完的時候。」

弟子無塵聽後，終於明白修行者的生活是什麼。之後，他更是精進修行。

優雅的人會更好地、及時地清掃內心的落葉，不然，時間長了，心沒有被清掃，就會積著厚厚的一層，靈智被蒙蔽了，善良被遮擋了，純真亦不復見。

其實，有些人生的不幸，並不在於你的生活遭遇了什麼重大不幸，而是你的心靈陷入了困境的沼澤。因為生活中，財、色、利、貪……時刻潛伏在我們的周圍，就像看不見的灰塵一樣無孔不入。那些塵埃，顆粒極小、極輕。起初，我們全然不覺它們的存在，比如一絲貪婪、一些自私、一點懶惰，幾分嫉妒、幾縷怨恨、幾次欺騙……這些不太可愛的意念，像細微的塵灰，悄無聲息地落在我們心靈的邊角，而大多數的人並沒注意，沒去及時地清掃，結果越積越厚，直到有一天完全占滿了內心，人漸漸地就變得快樂少於煩惱。

這時，你才得知，落葉之輕，塵埃之微，剛落下來的時候難有感覺；但是存得久了，積得多了，清理起來就沒那麼容易了，它會深深地扎進你的心裡，讓你倍感痛苦。

在生命的過程中，也許我們無法躲避這些飄浮著的微塵，但千萬不要忘記拂去。有些人，整天愁眉不展，煩惱多於快樂；而有些人，整天嘻嘻哈哈，快樂多於煩惱。為什麼人的生活會有這樣大的差別呢？答案很簡單「看你能不能隨時保持一份優雅，除卻心靈的塵埃。」

我們便需要去尋找一把清掃心靈的「掃帚」，優雅是一把掃帚，幫你清除潔淨的心靈蒙塵，保持快樂的根源。優雅也是一面明鏡，可以清楚地照出你的心裡的痛苦。

幸福的滋味

❶ 地上有多少落葉且不必去管它，而人心裡的枯葉則是撿一片少一片，「拂塵掃垢」，才能還自己一片優雅清靜之地；

❷ 我們需要去尋找一把清掃心靈的「掃帚」，這把「掃帚」就是那份優雅；

❸ 在生命的過程中，也許我們無法躲避飄浮著的微塵，但千萬不要忘記拂去。

6 欲望，是逃出困境的稻草

來看一則故事：

索拉菲是一位年輕的媒體大亨，靠經營肖像畫起家，在短短的五年時間內，迅速躋身于英國十大富翁之列。一九九八年，索拉菲因前列腺癌在英國皇家醫院去世。臨終前，他留下遺囑，把他的四千萬英鎊的股份捐獻給皇家醫院，用於治療前列腺癌的研究。另有十萬英鎊作為獎金，獎勵給遠離不幸最有效的辦法。

索拉菲去世後，英國一家報社刊登了他的一份懸賞。他說：「我曾是一個窮人，生活充滿了不幸，可是去世時卻是以一個富人的身份走進天堂的。在跨入天堂的門檻之前，我不想把我成為富人的秘訣帶走，現在秘訣就鎖在瑞士銀行我的一個私人保險箱內，保險箱的三把鑰匙在我的律師和兩位代理人手中。

誰若能答對遠離不幸最有效的辦法，那麼他將得到我留給他的這份獎勵。當然，那時我已無法從墓穴中伸出雙手為他的睿智而歡呼，但是他可以從那個保險箱裡拿走十萬英鎊，那就是我給予他的掌聲。」

消息刊登後，報社收到大量的信件，有的罵索拉菲瘋了，有的說報社為了提升發行量在炒作，但是更多的人還是寄來了自己的答案。

絕大部分人認為，遠離不幸最有效的辦法是金錢，不幸的人還能缺少什麼？當然是錢了，有了錢，一切都不成問題了。還有一部分人認為，不幸的人最缺少的是機會。一些人之所以不幸，就是因為沒遇到好時機，股票瘋漲前沒有買進，股票瘋漲後沒有拋出，總之，不幸的人都輸在了時機上。另一部分人認為，不幸的人最缺少的是能力。能夠輕易擺脫不幸的人往往有一技之長。還有的人認為，不幸的人最缺少的是幫助和關愛。當然，還有一些其他的答案，比如，不幸是因為不漂亮。總之，答案五花八門，應有盡有。

索拉菲逝世周年那天，律師和代理人按照索拉菲生前的交代在公證部門的監視下打開了那只保險箱，在近五萬封來信中，有一個小夥子猜對了索拉菲的秘訣。小夥子和索拉菲都認為不幸的人最缺少的是野心，因為沒有野心，所以遭受不幸。

在頒獎之時，記者帶著所有人的好奇，問這位小夥子：「你為什麼想到的是野心，而不是其他的？」小夥子說：「因為我的生活總是面臨著這樣或那樣的不幸，因此我就有了想當總統的野心！」

小夥子說完，所有人都哈哈大笑起來。

後來，幾十年後，小夥子雖然沒有成為總統，但他卻成為了煊赫一時的風雲人物。

便可以得知，我們缺少的是欲望，是野心。這會讓我們放手一搏，說不定再稍微地多一點欲望或野心，成功就在眼前。

每個人的人生就像金字塔，只有往上攀登，才可能享受最大的自由和空間。但是大多數人都庸庸碌碌，徘徊終老一生；一小部分人按部就班、辛辛苦苦地在從底層爬到中層；只有少數人，能很迅速地攀到頂層，躋身成功者之列，享受無限風光在頂峰的瀟灑。

如果你現在沒有成功，沒有地位，沒有財富，就需要有野心了。只要你有欲望，有把野心貫徹到底的智慧、毅力和勤奮，那麼你站在金字塔塔頂的時刻，指日可待。

當你有足夠強烈的野心去改變自己命運的時候，所有的困難、挫折、阻撓都會為你讓路。欲望有多大，就能克服多大的困難，就能戰勝多大的阻撓。你完全可以挖掘生命中巨大的能量，激發成功的欲望，因為欲望有時就是力量。

幸福的滋味

❶ 沒有欲望的人也許某天會享有盛名，然而，有欲望的人不想出人頭地則很罕見；
❷ 欲望就像救命的稻草，會讓你找到力量；
❸ 欲望可以讓你戰勝困境，笑對眼前的坎坷；
❹ 很多人會絕望，大多數是因為有一個無可救藥的弱點——缺乏欲望。

7 方向不對，努力就白費

黃國倫想寫一本很暢銷的書，可是，他並沒有策劃的經驗，也不熟悉市場，就按照自己想要寫的寫了起來。他以為會很搶手，結果，他固然很努力花費了一年才寫了一本書，可是，沒有出版社願意出版，黃國倫叫苦不迭。

黃國倫沒有明確的方向，而憑自己的主觀臆斷，即便很努力，到後來也是功虧一簣。

我們沒有必要把時間浪費在那些不值得做的事情上，畢竟人的精力有限，而在做一些事情之前，要明確方向，要預測將要發生的結果，否則，不加思索地就去做，固然很努力，也往往不會成功。

馬永波是一個年輕的攝影愛好者，他決定到山上去踩點。他想拍攝春天裡來到河邊喝水的白鷺，可是，他不去白鷺出沒的地方，而隨便地找到了一條河流待下來，結果，他固然等得很辛苦，但並沒有遇到白鷺。

馬永波不去白鷺出沒的地方，他就不會見到白鷺，這一點任何人都是知道的。就像是「刻舟求劍」，不去到劍掉下去的地方去尋找，而是在船上標有記號的地方尋找，方向不對，就不會找到。

我們有必要明確方向，不能再犯迷糊了。方向不對，縱使是多麼努力，也是功夫白費。想想王熙鳳可是對賈府鞠躬盡瘁，但到後來機關算盡誤了卿卿性命，實在可惜。

我們有必要明確方向，不能在方向不準確的前提下，就錯誤地認為，只要努力了就會有回報。其實，你固然很努力，也累得筋疲力盡，但方向不對，像「揠苗助長」一樣只會於事無補。

韓滔第一次請女客戶吃飯，由於他不知道女客戶愛吃什麼而且女客戶是回族人，就點了自己愛吃的東西。他以為自己愛吃的女客戶也愛吃，結果由於他點了女客戶不能吃的辣和豬肉，致使女客戶很尷尬，合作沒有成功。

韓滔以為自己愛吃的女客戶就愛吃，結果不提前詢問女客戶的口味和忌口，就鬧了笑話甚至有可能是矛盾。

我們沒有必要憑自己的主觀意向去做事，在做事之前，要明白，努力了就能達到自己的想要。否則，對未來含糊不清，就會努力了也不會有回報。

所以，努力時要有方向，這樣才能讓事情按照自己想像的方向發展，否則，沒有方向或方向不對，縱使你多麼努力，也會不幸地告訴你：功夫會白費。

我們都知道「南轅北轍」的故事，在現實生活中，你是否也會犯下同樣的錯誤呢？如果方向不對就不會成功。

想想，我們固然很努力，而如果我們想要去的地方在南方我們偏偏往北方走，何時才能到達自己要到的地方呢？當然，有的人說地球是圓的，圍繞地球繞一圈就到達那個地方了，但誰有那個時間和精力浪費在無聊的事情上。

方向不對，努力也不會有回報。

幸福的滋味

❶ 即使有遠大夢想，但如果方向不對，到最後只會功虧一簣；

❷ 要以優雅的心去找到那條屬於自己的路，就能早一日與自己的宏圖意願接軌；

❸ 在多走了曲折的路之後，才能明白，原來只有一條路適合自己；

❹ 凡事三思而後行，就很少會事與願違。

8 只有自己努力得來的果實才會真正屬於你

來看一則故事：

餘興華在社會上打拼幾年後，覺得空有餘心而力不足，想找一個很重視自己的老闆，讓自己事業上獲得更大的發展。經過重重地努力，終於有一家公司的老闆看重了餘興華。他許諾要給餘興華很優厚的待遇，並答應幫助餘興華讓他功成名就。餘興華以為遇到了伯樂，如獲新生。

在新的公司一開始的一段時間裡，老闆按照要求給了餘興華很高的報酬。餘興華也樂在其中，覺得未來可以過上更好的生活。

但天下沒有免費的午餐，老闆後來交給了餘興華一些任務，餘興華都沒有做到讓老闆滿意。老闆覺得他當初選錯了人才，漸漸地和餘興華之間有了摩擦。

這樣，又過了幾個月，老闆對他說：「我看，我們之間的合作出現了問題，不如就此結束吧！」

餘興華說：「我每天都在努力，不過你的要求也太高了，誰能那麼超負荷地工作？再說了，我比公司裡的其他的員工都努力，只是比他們多拿點薪水罷了。」

老闆說：「算了吧，我開一家公司也不容易。的確，你很優秀，不過，給你的報酬還是高了一點，你能不能要求少一點？」

餘興華聽說，如被潑了一盆冷水，後來在「不堪重壓」的情況下，不得不離開了公司，去另謀高就。

餘興華希望得到別人的幫助，讓自己事業上突飛猛進，但沒有人無緣無故地會幫助他的。如果他不能為別人創造價值，別人也往往會袖手旁觀的。

不過，有的人會問，為什麼有的人可以遇到伯樂呢？只有遇到伯樂，他們才會事業上突飛猛進。像各行各業的精英，他們並不是靠自己一個人單打獨鬥，很多時候是有別人的幫助，才能扶搖直上。

的確，有些人會得到別人無私的幫助。但很少有人會有那種福分，在我們沒有遇到別人的賞識之前，就有必要做好自己了。不能過多地渴求得到別人的幫助，以免黃粱一夢到後來成了泡影。

當然，有別人幫助我們是很榮幸的，起碼可以不費吹灰之力就能達到某種成就。但並不是只要我們夢想著就會有人來幫助我們，很多時候，我們是靠自己打拼，一步一步地走向成功的。

所以，有別人幫助固然是好，我們也很難一個人取得成功，但在別人都愛莫能助的時候，我們只有靠自己了。那時候，即便孤苦無援，也要泰然地走下去，很少有人會陪你到最後，只有自己努力得來的果實才會真正屬於自己。

一個人在外拼搏，往往會感覺到力不從心。這時候，我們想要有一個人可以幫助我們一把，那麼，我們就可以少走彎路，或者少了幾年、十年的奮鬥。但是，很少有人真正意義上的會幫助我們，到後來往往還是自己一個人奮鬥。沒有伯樂的賞識，孤苦無援，我們是否感覺到很累呢?的確，我們會每天都勞心傷神，每天都筋疲力盡。

有時，一個人躺在床上，翻來覆去睡不著，為什麼沒有一個人可以幫助我們一把呢？為什麼要這麼累？但即便我們幻想著得到別人的提攜，可以少努力、少奮鬥，我們還得要工作下去，每天忙忙碌碌。

其實，固然有可能會遇到貴人，但可遇不可求，做好自己的事最好不過了。

幸福的滋味

❶在社會上不斷顛簸之後，才知道很少有人能幫助你，除非是你的親人、朋友，或者一些認為你有價值的人；

❷不要相信會不勞而獲，付出了才有回報；

❸社會很現實，人情很冷漠，只有自己才能拯救自己，其他的「靠山山會倒，靠人人會跑」；

❹如果你失敗了，很多人會嘲笑你；如果你成功了，很多人會崇拜你。所以，要面對那些善變的人們，你不要太在乎。

9 尊重的價值與意義

現代社會，很多人自以為了不起，結果吃了虧，來看下面的一則故事：

一天，一位年輕的女人帶著她的兒子來到總部大廈樓下的花園，她們坐在一張長椅上。女人很生氣地在訓斥著兒子，說兒子成績不好。兒子在那裡默默地不說話。

不遠處，有一個衣著樸素的老頭兒拿著一把大剪刀，正修剪著低矮的灌木。

看到兒子漫不經心的樣子，聽著「喀嚓喀嚓」的剪刀聲，女人更生氣了，對兒子說：「如果你現在不認真學習的話，你將來就會像那個老頭兒一樣。」

兒子仍不說話，傻傻地待在那裡。

女人從隨身的包包裡拿出一張衛生紙，擤了鼻涕，然後一甩手拋了出去，正好落在剛剪過的灌木上。

老人驚詫地轉過頭，剛想生氣，但還是笑了笑，走過去把衛生紙撿起扔到垃圾桶裡。

這時候，女人又開始數落她的兒子了，女人說：「我不希望你長大了像他那麼沒有出息。」女人一邊說一邊用手指向老頭兒。

兒子終於開口說話了：「媽媽，我長大後一定會有出息的。」

「有出息？你看看你這學期的成績這麼糟糕！」女人說著說著，又擤了鼻涕，扔了一團衛生紙。

老人仍然走過去，把衛生紙撿起，扔到垃圾桶裡。

一連幾次，老人都沒有露出厭煩的神色。

女人又繼續數落她的兒子：「想想我是做著多麼好的工作，憑你目前的成績，一定將來像那個老頭兒一樣做著最卑微、最低賤的工作。」

聽女人這麼說，老人覺得很好奇，走過來問：「女士，請問您是做什麼工作呢？」

女人毫不在乎地說：「我就在這家大樓的一個部門當經理。」

看著女人很自信的樣子，老人笑著說：「的確不錯，這是家知名的企業。」

女人說：「那當然！哪像你只做一些讓人看不起的工作。」

老人索然一笑，說：「你的確是在這棟大樓所在的部門裡工作嗎？」

看到老人有點質疑，女人掏出證件，在老人面前晃了晃，而且一本正經地說：「我是很有身份的，現在要讓我的兒子明白學習的重要性，不然他以後就可能像你一樣沒有身份了。」

老人沒有生氣，而是反問：「對不起，能借一下您的手機用嗎？」

女人很神氣地把手機借給了老人，還對兒子說：「你看到了嗎，那個老頭兒連手機也買不起，你將來一定不能像他那樣。」

老人撥打了一個電話，簡短地說了幾句話，就把手機還給了女人。

女人對老人不屑，還繼續用他來訓斥兒子。

這時候，集團人力資源部的負責人走過來，女人連忙起身點頭哈腰。誰知，那個負責人看也沒看她，徑直走到老人面前，畢恭畢敬地說：「總裁，您好，我這就按照您的指示免去那位女士在公司的職務。」

聽到負責人那麼說，女人頓時傻眼了，很後悔剛才這麼不尊重老人。

再看另一個故事：

明太祖朱元璋草莽出身，家境貧寒，直到後來做了皇帝，才享受到了榮華富貴。於是，那些昔日和他玩耍的窮哥們兒聽說他做了皇帝，便到京城找他，希望能夠得到一官半職，享受錦衣玉食的生活。而朱元璋也不是一個忘本的人，想到自己既然做了皇帝，也應該照顧一下昔日的朋友，於是，給錢財的給錢財，給官職的給官職。

這時，有位自稱是朱元璋兒時一起光屁股長大的好友，聽到了這個消息後，千里迢迢從老家鳳陽趕到京城了，來投奔朱元璋。這位好友經過一番周折後，總算進了皇宮，見到了朱元璋皇帝。

可是，這位好友依舊是衣衫襤褸，一見面，便大嚷起來：「哎呀，朱重八，現在你當上了皇帝，可是威風至極呀！想必你都不記得我了吧？想當年咱倆可是一塊兒光著屁股玩耍，你幹了壞事，總是讓我替你背黑鍋，每次都讓我替你挨打。還記得那一次嗎？咱倆一塊到鄰居的地裡偷豆子吃，然後背著大人用破瓦罐煮。可是，豆子還沒煮熟，你就等不及了，先搶了起來，結果把瓦罐都打爛了，豆子撒了到處都是。結果，你吃得太急太猛，沒熟透的豆子卡在嗓子眼裡，下不去了，還是我幫你弄出來。怎麼，你還有印象嗎，你現在想起我了沒？」

其實朱元璋早就認出來了，可是聽昔日的好友這麼一說，頓時雅興全失，因為這個昔日的夥伴一點都不知道尊重自己，一點面子都不留，當著後宮佳麗和眾奴才的面，揭自己的短處，讓自己這個皇帝的臉往哪兒擱。

朱元璋心裡非常不悅，盛怒之下，下令將這個從小一塊玩的好友殺了。

這種揭別人的隱私和短處便會得罪很多人了，是一種很不好的行為。

要記得羅斯福在競選總統之時，他的助手貝爾為他拉選票。為了更好地得到別人的支援，貝爾給很多相關的人物寫信。在一開始，貝爾都會親切地稱呼對方的名字，如「親愛的卡特」、「親愛的威廉」，在信的結尾貝爾都沒有忘記留下自己的名字。正是因為這些尊重，使得別人對羅斯福產生了好感，最終給羅斯福投下了寶貴的一票，使得羅斯福得以當上了總統。

不要等到一再遭遇不幸後才去尊重。尊重是每個人都渴望的心理需求。不要踩到雷區，尊重所有人。這樣，才不會因為這個而處處碰壁，才能很好地在社會上無往不利。

幸福的滋味

❶ 俗話說，打人不打臉，揭人不揭短。在陌生人之間，更要避免這個招人怨恨的誤區了；

❷ 尊重是一種修養、習慣和心態，要發自內心地去尊重別人，並不是依據別人尊重你的多寡去尊重別人；

❸ 凡是想成就大事的人，與人交往時，都需要尊重別人，這樣，才能贏得別人的另眼相待；

❹ 尊重更能彰顯我們的人格魅力，會讓我們得到一臂之力，及早贏得成功。

10 相信自己很優秀

來看一則故事：

古希臘的大哲學家蘇格拉底在風燭殘年之際，知道自己時日不多了，就想考驗和點化一下他那位平時看來很不錯的助手。

他把助手叫到床前，說：「我的蠟所剩不多了，得找另一根蠟接著點下去，你明白我的意思嗎？」

「明白！」那位助手趕忙說，「您的思想、光輝會很好地傳承下去。」

「可是……」蘇格拉底慢悠悠地說，「我需要一位最優秀的傳承者，他不但要有相當的智慧，還必須有充分的優雅和非凡的勇氣，你能幫我尋找一位嗎？」

「我一定竭盡全力！」

蘇格拉底笑了笑。

那位忠誠而勤奮的助手，不辭辛勞地通過各種管道開始四處尋找了。可他領來一位又一位，都被蘇格拉底一一婉言謝絕。一次，當那位助手再次無功而返時，病入膏肓的蘇格拉底硬撐著坐起來：「真是辛苦你了，不過，你找來的那些人，其實都不如……」

「我一定加倍努力，」助手懇切地說，「找遍五湖四海，也要把最優秀的人挖掘出來。」

蘇格拉底笑了笑，不再說話。

半年之後，蘇格拉底眼看就要告別人世，最優秀的人選還是沒有眉目。助手非常慚愧：「我真是對不起您，令您失望了！」

「失望的是我，對不起的卻是你自己，」蘇格拉底失意地閉上眼睛，停頓了許久，才又不無哀怨地說：「本來，最優秀的人就是你，只是你不敢相信自己，才把自己給忽略、給丟失了。其實，每個人都是最優秀的，差別就在於如何認識自己、如何發掘和重用自己。」說完之後，蘇格拉底就永遠地離開了他曾經深切關注著的世界。

那位助手非常後悔，甚至自責了整個後半生。

在這個世界上沒有什麼是不可能的，你要承認自己是最優秀的，那就算成功了一半。接著到最後是否成功，就要看你下一步的努力了。

當你走到人前時，昂首挺胸總是要比低眉順眼好。一個人若是自己都看不起自己，別人怎麼會看得起他呢？所以，與其把自己看低，不如把自己看高。

把自己看高一點，認為這個世界上沒有什麼位置是你沒有資格去擁有的、沒有什麼東西是你不配享有的，然後優雅十足地付出努力。你將會發現，你的人生道路一下子變得豁然開朗了。

幸福的滋味

❶要認識自己，發掘並重視自己；
❷在前進的道路上，有時差的就是那自信的一步，自信便會有更出色的人生；
❸要看得起自己，才能讓別人刮目相看；
❹我們應該有更多、更高的追求，只有如此，才能有激情和動力去尋找自身的金礦。

國家圖書館出版品預行編目（CIP）資料

為什麼有人喝咖啡不加糖：品嘗最真實的原味生活
／子陽著. -- 初版. -- 新北市：大喜文化,
2017.03
面；　公分. --（喚起;21）
ISBN 978-986-93623-8-2（平裝）

1. 成功法　2. 生活指導

177.2　　106001781

喚起 21

為什麼有人喝咖啡不加糖：
品嘗最真實的原味生活

作　　者　子陽
編　　輯　蔡昇峰
發 行 人　梁崇明
出 版 者　大喜文化有限公司
登 記 證　行政院新聞局局版台省業字第 244 號
P.O.BOX　新北市中和郵政第 2-193 號信箱
發 行 處　23556 新北市中和區板南路 498 號 7 樓之 2
電　　話　(02) 2223-1391
傳　　真　(02) 2223-1077
E-mail　joy131499@gmail.com
銀行匯款　銀行代號：050，帳號：002-120-348-27
　　　　　臺灣企銀，帳戶：大喜文化有限公司
劃撥帳號　5023-2915，帳戶：大喜文化有限公司
總 經 銷　聯合發行股份有限公司
地　　址　231 新北市新店區寶橋路 235 巷 6 弄 6 號 2 樓
電　　話　(02) 2917-8022
傳　　真　(02) 2915-7212
初　　版　西元 2017 年 3 月
流 通 費　新台幣 280 元
網　　址　www.facebook.com/joy131499
I S B N　978-986-93623-8-2